chelhäher S. 66

Buntspecht S. 72

Ringeltaube S. 77

ittelspecht S. 92

Tannenhäher S. 94

Sperlingskauz S. 95

ässhuhn S. 108

Teichhuhn S. 109

Sturmmöwe S. 111

chleiereule S. 119

Waldkauz S. 120

Waldohreule S. 121

DETLEF SINGER

Vögel —
rund ums Futterhaus

KOSMOS

Vögel richtig füttern

Blaumeisen erfreut man mit Nussschnüren, Hirsekolben und Fettfutter.

WELCHE VÖGEL WERDEN VORGESTELLT?

Im vorliegenden Naturführer sind alle Vogelarten abgebildet und beschrieben, die wir im Winter häufig oder mit etwas Glück durch geeignete Fütterung anlocken können. In manchen Fällen sind die häufigen Arten jeweils auf mehreren Seiten dargestellt, um auf das je nach Geschlecht, Jahreszeit und Alter verschiedene Aussehen hinzuweisen und/oder auf bestimmte Verhaltensweisen aufmerksam zu machen, die wir mit etwas Glück am Futterplatz beobachten können.
Der Übersichtlichkeit halber sind die zu erwartenden Arten in vier Kategorien eingeteilt:

— Fütterung rund ums Haus
— Seltene Gäste am Futterhaus
— Vogelfütterung am Wasser
— Futterplätze in Wald und Feld

Der Kleiber ist ein häufiger Gast an Futterglocken mit Fettfutter.

IST WINTERFÜTTERUNG SINNVOLL?

Jedes Jahr, wenn der erste Schnee gefallen ist und die Amseln und Kohlmeisen mit dick aufgeplustertem Gefieder in den verschneiten Büschen und Bäumen sitzen, haben wir das Bedürfnis, diesen Vögeln zu helfen. Unterstützt wird unsere Hilfsbereitschaft durch ein großes Angebot an Futterhäuschen und Vogelfutter in den Auslagen vieler Geschäfte. Glaubt man der Werbung einiger Hersteller von Vogelfutter und vielen Natur- und Tierfreunden, so bekommt man den Eindruck, dass alle Vögel hoffnungslos verloren sind, wenn sie nicht den ganzen Winter über von uns gefüttert werden.

Dabei sollte man bedenken, dass viele freilebende Vögel die harten Wintermonate ohne Futtergaben oder sonstige Hilfen des Menschen überstehen. Seit Jahrtausenden haben sie sich in ihrer Lebensweise und in ihrem Verhalten darauf eingestellt. Gerade unsere kleinsten und zartesten Vögel, die nur fünf Gramm schweren Wintergoldhähnchen, überstehen sogar die schneereichen und bis zu –40 Grad kalten Wintermonate Nordskandinaviens ohne unsere Futtergaben.

Trotz ihrer enormen Anpassungsfähigkeit sterben im Winter jedoch unzählige Vögel, meist aus Mangel an geeigneter Nahrung. Diese winterlichen Verluste sind von der Natur „eingeplant" und führen normalerweise nicht zum Rückgang oder gar zum Aussterben einer Vogelart. Daher wird als Einwand gegen die Winterfütterung immer wieder hervorgebracht, dass man durch die Futtergaben der Natur ins Handwerk pfuscht und die winterliche Auslese verhindert. Von den Kritikern der Winterfütterung wird weiterhin beklagt, dass für die Verköstigung der häufigen Vogelarten alljährlich Millionen ausgegeben werden, während für die Rettung wirklich bedrohter Arten oft kein Geld zur Verfügung steht. In der Tat sind viele bei uns in ihrem Bestand gefährdete Vogelarten Zugvögel, die ohnehin von den Fütterungsmaßnahmen nicht erreicht werden können. Oder es sind Arten, die an bestimmte Lebensräume außerhalb der Siedlungen gebunden sind. Diese Vögel sind vor allem durch die Zerstörung ihrer Brut- und Rastgebiete bedroht.

Doch leider beobachtet man heute einen besorgniserregenden Bestandsschwund vieler der früher häufigen Vogelarten und sogar von einigen „Allerweltsvögeln" wie Haussperling und Sumpfmeise. Das deutet darauf hin, dass nicht wenige Vögel heute bei uns kaum noch genügend Nahrung finden und folglich die Wintermonate immer schwerer überstehen können. Der Hauptgrund dafür sind Veränderungen der Lebensräume, die vor allem durch die intensive landwirtschaftliche Nutzung verursacht werden.

Der „Allerweltsvogel" Haussperling ist inzwischen selten geworden.

Vögel richtig füttern

Obwohl Erlenzeisige in der Natur meistens ausreichend Nahrung finden, kommen sie in manchen Jahren zahlreich an die Futterplätze.

Rotkehlchen lockt man mit Beeren und Weichfutter in den Garten.

WINTERFÜTTERUNG JA – ABER MIT SACHVERSTAND

Da heutzutage unsere Vögel zumeist nicht mehr in naturnahen Lebensräumen, sondern in einer vom Menschen mehr oder weniger stark beeinflussten Umgebung leben, ist die sachgerechte Winterfütterung durchaus sinnvoll. Einige Experten raten inzwischen sogar dazu, die Fütterung auf Herbst und Frühjahr oder sogar bis in die Sommermonate auszudehnen, um eventuelle Nahrungsengpässe auszugleichen. In Großbritannien besteht seit Langem ein wissenschaftliches Überwachungsprogramm, um die Auswirkungen der Vogelfütterung auf den Natur- und Artenschutz zu ermitteln. Die durch die Beobachtungstätigkeit Tausender von Vogelfreunden zusammengetragenen Ergebnisse sprechen eine deutliche Sprache: Winterfütterung ist keine Verschwendung von Geldern, um ein paar häufige Vögel durch den Winter zu mästen, sondern eine wirklich wichtige Artenschutzmaßnahme.

Es gibt keinen Grund, die Vogelfütterung aus Angst vor Vogelkrankheiten einzustellen. Natürlich darf man auf keinen Fall kranke oder tote Vögel anfassen oder mit Vogelkot in Berührung kommen. Wöchentliche Säuberung der Fütterungsgeräte sollte daher selbstverständlich sein, um Mensch und Vogel vor ansteckenden Krankheiten zu schützen.

Vögel richtig füttern

FUTTERHAUS ODER FREIHÄNGENDE FUTTERSTELLE?

Dekorative Futterhäuschen sind oft die Schmuckstücke des Gartens oder Balkons. Sie haben aber den entscheidenden Nachteil, dass die Säuberung viel Arbeit macht. Um die Gefahr der Krankheitsübertragung möglichst gering zu halten, sollten wir das Futter dort auf einer abwaschbaren Folie servieren und diese alle paar Tage reinigen. Viel weniger problematisch sind siloartige Futtergeräte, in denen das Futter nicht verschmutzt werden kann. Ebenso hygienisch sind alle hängenden Futtergeräte, die außerdem den Vorteil haben, dass wir sie mit wenig Aufwand selbst herstellen können. Außerdem könnten Sie so auch einige Tage ungestört verreisen, ohne dass Ihre Gäste deshalb gleich Hunger leiden müssen.

FUTTERSTELLEN AM BODEN

Drosseln, Rotkehlchen, Heckenbraunellen, Buch- und Bergfinken fliegen nicht so gerne in ein Futterhäuschen, sondern suchen sich ihr Futter lieber auf dem Boden. Oft picken sie die Futterreste auf, die von Meisen und Grünfinken aus dem Häuschen geworfen werden. Wir schützen sie am besten vor Katzen, indem wir ihre Futterstelle teilweise mit dornigen Zweigen bedecken. Für Fasane und Rebhühner, aber auch Goldammern und Feldlerchen können wir in der Feldflur im Schutz einer Hecke ebenfalls eine Bodenfütterung einrichten; gegen die Wetterseite hin sollte die Anlage geschlossen sein. Wichtig ist hierbei jedoch, dass wir unser Vorhaben mit dem Revierinhaber besprechen, denn Fasane und Rebhühner gehören zum jagdbaren Wild.

Die scheue Heckenbraunelle bevorzugt feine Samen wie Mohn.

Blaumeisen sind Kletterkünstler, die sich gerne an Meisenknödel hängen.

Vögel richtig füttern

Wasservögel wie die Stockenten sollte man nur bei starkem Frost füttern.

Höckerschwäne sieht man ganzjährig auf vielen Parkteichen.

WASSERVOGELFÜTTERUNG

Für die Wasservögel stellt sich im Winter das Problem, dass ihre Nahrungsgewässer allmählich zufrieren. Am sinnvollsten helfen wir ihnen, indem wir dafür sorgen, dass an einigen Stellen die Wasserfläche eisfrei bleibt. Wir können ihnen aber auch Brot, geschrotetes Getreide, Haferflocken, gekochte Kartoffeln usw. anbieten. Bei dieser Art der Fütterung sollten wir uns besonders gut überlegen, ob sie sinnvoll ist, denn die Seen und besonders die kleinen Gewässer verkraften nur eine kleine Zahl von Wasservögeln und an vielen Seen ist das Füttern der Enten und Gänse mit Recht untersagt.

HILFE FÜR GREIFVÖGEL UND EULEN

Bei anhaltend hoher Schneelage geraten die Mäusejäger unter den Eulen und Greifvögeln in Bedrängnis, denn ihre Beutetiere sind unter dem Schnee weitgehend vor ihnen geschützt. Wir können diesen Vögeln wirkungsvoll helfen, indem wir an schnell abschmelzende Stellen Getreide streuen und so die Mäuse unter der Schneedecke hervorlocken. Noch besser ist es natürlich, Getreide auf einer vom Schnee geräumten Fläche auszustreuen. Wir sollten nicht vergessen, dass Bussarde Ansitzjäger sind; ein ca. 1,50 m hoher Pfosten, eventuell mit einem Querholz als Sitzplatz und in der Nähe der Futterstelle platziert, erleichtert ihnen die Mäusejagd. Ebenso können wir für diese Greifvögel größere Fleischstücke auslegen.

Für Schleiereulen ist es im Winter oft lebenswichtig, dass wir ihnen Scheunen oder alte Schuppen offenhalten, damit sie darin Mäuse jagen können. In besonders kalten und schneereichen Wintern können wir den Eulen in Feld und Flur lebende Mäuse in Futterwannen anbieten; das Problem hierbei ist jedoch, dass die Mäuse bei großer Kälte schnell erfrieren.

Wenn im Winter der Schnee hoch liegt, fangen Waldkäuze viele Vögel.

Futter selber machen

KÖRNERFUTTER SELBER MACHEN

Viele unserer Futterhausgäste sind in ihrer Ernährung an Samen und Körner angepasst. Entsprechend ihrer Schnabelform ziehen sie daher mal gröbere, mal feinere Sämereien vor. Daher sollte eine Körnermischung, die für möglichst viele Vogelarten passend ist, Samen und Körner unterschiedlicher Größe enthalten. Der Hauptanteil sollte dabei aus Sonnenblumenkernen bestehen, schwarze und gestreifte sind gleichermaßen geeignet. Um zu viel Schalenabfall zu vermeiden, wählen Sie geschälte Kerne. Daneben sind die fetthaltigen Hanfsamen als gute Energiequelle sehr beliebt.

Haben Sie öfter Körnerfresser mit kleineren Schnäbeln wie Zeisige oder Stieglitze zu Gast, können Sie die in der Zutatenliste angegebenen Hirse- und Mohnsamen auch mit Waldvogelfutter aus dem Zoobedarf ergänzen. Die Waldvogelmischungen enthalten Samen unterschiedlicher Größe, darunter auch feine Sämereien wie Nigersaat, Hirse, Grassamen, Leinsamen, Spinat-, Klee- und Salatsamen.

Zutaten für Körnerfutter

- 20 % Sonnenblumenkerne
- 30 % gehackte Sonnenblumen
- 20 % Hanfsamen
- 10 % weiße Hirse
- 10 % Mohnsamen
- 10 % gehackte Erdnüsse

So geht's Die Basis für unser Körnerfutter sind Sonnenblumenkerne. Ob Sie lieber geschälte oder ungeschälte Kerne verwenden möchten, hängt vor allem vom Ort ihrer Futterstelle ab. Ungeschälte Kerne verursachen mehr Abfall, was in einer Wohnanlage die Nachbarn stören könnte. Zum Beobachten Ihrer Gäste eignen sich hingegen gerade die ungeschälten Kerne, da die Vögel sie oft direkt am Futterplatz oder in dessen Nähe bearbeiten, wobei man ihnen dann gut zuschauen kann.

Die normale Körnermischung bieten Sie für Finken im Futterautomaten oder Futterhaus an oder Sie bestücken damit eine Bodenfutterstelle, zu der Sie Buch- und Bergfinken, Ammern sowie Heckenbraunellen locken können.

Zutaten für die Körnermischung ... ... und fertige Körnermischung.

Selbst hergestelltes Fettfutter ist ideal für Meisen wie die Blaumeise.

FETTFUTTER SELBER MACHEN

Möchten Sie Ihren Futterhausgästen etwas Gutes tun, dann stellen Sie Ihr Fettfutter selbst her. Das ist gar nicht so schwer und erfordert keinen riesigen Zeitaufwand. Außerdem ist es billiger und man kann die eigene Kreation individuell auf die Zusammensetzung der Wintergäste abstimmen. Obendrein wissen Sie genau, welche Zutaten Sie für Ihre Mischung verwenden, während das bei gekauftem Futter meist nicht der Fall ist, da nicht genau deklariert werden muss, was im Futter enthalten ist. Und leider sind fertige Meisenknödel, Meisenringe oder andere Futterprodukte oft aus minderwertigen Zutaten hergestellt und schmecken den Vögeln weit weniger gut als die selbst angerührten Mischungen.

Die Konsistenz einer Fettfuttermischung, die Sie selbst herstellen, variieren Sie nach Bedarf und verarbeiten Sie zu einer streichfähigen Masse, die Sie zu dann zu Meisenknödeln formen, in ein Futterholz einfüllen oder an Baumrinde streichen können.

Zutaten für die Fettfuttermischung.

Futter selber machen

Zutaten für Fettfutter
400 g Rindertalg oder Kokosfett
200 g Weizenkleie oder Maismehl
200 g Sonnenblumenkerne
100 g Erdnussbruch
100 g Hanfsamen, Hirse oder Mohnsamen
1–2 EL Sonnenblumenöl

So geht's Als schmelzbare Ausgangsmasse eignet sich am besten Rindertalg, den man frisch vom Metzger bekommt, oder Kokosfett, das es in jedem Supermarkt zu kaufen gibt. Rindertalg ist ein bei Vögeln sehr beliebtes Tierfett und eine preisgünstige Alternative zum teureren Kokosfett. Den Talgblock schneiden Sie in dünne Scheiben und erwärmen ihn langsam in einem geschlossenen Topf auf dem Backofen. Das flüssige Rinderfett filtrieren Sie ab und vermischen es dann mit Weizenkleie oder Maismehl, gehackten Erdnüssen, Hanfsamen und geschälten Sonnenblumenkernen. Die nichtschmelzbaren Anteile, die beim Filtrieren übrig bleiben, können Sie getrennt verfüttern. Ein Schuss Salatöl verhindert, dass die Mischung hart und brüchig wird. Nach dem Erkalten

Meisenknödel im Drahtnetz.

können Sie aus der Fettfuttermasse Knödel formen.
Damit die Fettmasse streichfähig bleibt, können Sie statt Salatöl auch etwas Margarine unterrühren. Die noch streichfähige Masse wird für Baumläufer, Kleiber und Spechte, die ihre Nahrung in Baumnähe suchen, direkt in ein Futterholz oder an die rissige Borke alter Bäume gestrichen. Für Schwanzmeisen und Goldhähnchen können Sie etwas Fettfutter an die Zweige streichen. Fettfutterknödel bieten Sie in einer praktischen Futterspirale aus Metall an oder hängen Sie in ein Drahtnetz in einen geeigneten Baum. Sie können die Masse aber auch in größere Keks-, Plätzchen- oder Pfefferkuchenformen einfüllen.
Falls Sie einen Blumentopf verwenden möchten, stecken Sie vor dem Befüllen durch das Bodenloch ein verzweigtes Ästchen, das als Sitzplatz für die herbeifliegenden Vögel dient. Der Blumentopf kann waagrecht oder nach unten offen aufge-

Anrühren der Fettfuttermischung.

Der Buntspecht lernt rasch, Fettfutter in verschiedenen Formen zu finden.

hängt werden. Besonders dekorativ sind mit Fettfutter gefüllte Kokosnusshälften.

Die Masse in Förmchen füllen.

VOGELPLÄTZCHEN – NICHT NUR FÜR WEIHNACHTEN

Aus der Fettfuttermasse lassen sich dekorative Vogelplätzchen mit Pfefferkuchen- bzw. Keksausstechformen herstellen. Dafür versehen Sie die Förmchen jeweils mit einem Aufhänger aus Blumendraht. Die so vorbereiteten Förmchen legen Sie auf ein mit Backpapier belegtes Blech und verteilen die warme, noch streichfähige Fettfuttermasse in die Förmchen. Zum Schluss streuen Sie Hanfkörner und Erdnussbruch darüber und übergießen die Förmchen mit etwas flüssigem Fett als Glasur. Die „Vogelleckerli" lassen sich gut auf Vorrat anfertigen und natürlich sind die Förmchen wiederverwendbar, wenn sie leer gefressen sind.

Futter selber machen

WEICHFUTTER SELBER MACHEN

Amseln und Drosseln suchen ihr Futter am Boden. Anstatt Körner- oder Fettfutter ist für sie eine Weichfuttermischung die geeignete Winternahrung. Drosseln nehmen gerne Obst, besonders ganze Äpfel. Als vitaminreiche Leckerbissen sind auch getrocknete oder eingefrorene Beeren von Ebereschen, Hagebutten, Weißdorn, Heidel- und Holunderbeeren willkommen. Mit gehackten Erdnüssen, Futterrosinen und getrockneten Beeren können Sie diese Futtermischung für Amseln und Drosseln, Gimpel und Rotkehlchen anreichern.

Den zarten Weichfressern wie Baumläufern, Zaunkönigen und Schwanzmeisen können Sie neben Talg käufliches Weichfutter für zarte Insektenfresser anbieten. Sie sollten aber, wie bei allen Futtermitteln, auf hohe Qualität achten, denn manche Weichfuttersorten enthalten nur einen verschwindend geringen Insekten-Anteil.

Zutaten für Weichfutter

200 g Haferflocken, in Sonnenblumenöl getränkt
100 g tiefgefrorene Wildbeeren (Hagebutten, Eberesche, Weißdorn und Holunderbeeren)
100 g ungeschwefelte Futterrosinen oder Korinthen
100 g getrocknete Beeren
Sonnenblumenöl

So geht's Sie benötigen für Ihre Mischung die oben angegebenen Zutaten, denen Sie so viel Sonnenblumenöl zusetzen, dass sich die Haferflocken damit vollsaugen können. Die Haferflocken nehmen das Fett am besten auf, wenn man sie in einer Pfanne leicht erwärmt und dann mit dem Öl übergießt. Anstelle von getrockneten Beeren können Sie auch selbst gesammelte und eingefrorene Wildbeeren unter das Futter mischen. Die fertige Mischung frieren Sie in Portionen zu je 100 g ein.

Sie können das Weichfutter auch mit Insektenlarven wie z. B. Mehlwürmern anreichern. Wer Kontakt zu einem Imker hat, kann nach Drohnenlarven (männliche Bienenlarven) fragen, die vom Imker aus dem Stock entfernt werden. Sie sind ideale Fett- und Eiweißlieferanten, müssen aber unbedingt eingefroren werden, denn sie verderben rasch.

FUTTER SELBER SAMMELN
Sammeln Sie im Herbst im Garten oder in Wald und Flur Hagebutten und Vogelbeeren als Wintervorrat, den Sie dann einfrieren oder trocknen und im Winter für die Weichfuttermischung verwenden können.

Ein Gimpel-Männchen am Futterplatz.

Das Weichfutter bieten Sie im Futterhaus oder in einer Bodenfutterstelle an, in der das Futter vor Nässe geschützt ist. Es gibt auch spezielle Bodenfutterspender, die ebenfalls dafür sorgen, dass das Futter trocken bleibt. Das Weichfutter sollten Sie unbedingt täglich erneuern, da es auf dem Boden sonst leicht verdirbt.

WASSER FÜR DIE VÖGEL

Auch im Winter brauchen Vögel Wasser. Natürlich lässt sich das Wasser in einer Vogeltränke bei Frost und Schnee nicht so leicht flüssig halten, allerdings ist im Winter inzwischen auch nicht mehr stets mit Minustemperaturen zu rechnen. Viele Vögel fressen auch Schnee und stillen damit ihren Durst. Der in Äpfeln und gefrorenen Beeren enthaltene Saft ist in Trockenperioden ein Wasserersatz. So stillen Amseln und Wacholderdrosseln ihren Flüssigkeitsbedarf gerne mit Fallobst. Auch Seidenschwänze, die im Winterhalbjahr fast ausschließlich Beeren fressen, kommen ohne Wasser aus. Andere Kleinvögel schätzen es aber sehr, wenn sie an der Futterstelle auch eine Trinkmöglichkeit vorfinden. Die Tränke sollte am besten leicht aufzuhängen sein und aus frostsicherem Material bestehen. Man hängt sie morgens mit warmem Wasser hinaus und holt sie abends wieder ins Haus, um sie zu reinigen und dann am nächsten Tag neu zu befüllen. Auch wenn das Wasser nicht eingefroren ist, muss es täglich gewechselt werden, um die Verbreitung von Krankheiten wie Salmonellen zu vermeiden. Es gibt auch experimentierfreudige Vogelfreunde, die ihre Vogeltränke mit einem Teelicht beheizen.

Ein Erlenzeisig an der Tränke.

SCHON IM HERBST BEGINNEN

Mit kleinen Futtergaben möglichst schon im Herbst beginnen, damit sich die Vögel an die Fütterung gewöhnen können und bei Kälte, Eis und Schnee bereits wissen, wo es etwas zu holen gibt; bei milder Witterung weniger füttern, denn dann können sich Krankheitserreger leichter vermehren.

Größere Mengen sollten nicht auf einmal gefüttert werden, besser ist eine maßvolle und regelmäßige Fütterung. Bei Auffinden von toten Vögeln am Futterplatz sofort die Fütterung einstellen, alle Futterreste entfernen und das Häuschen desinfizieren. Futterstellen sollten nicht in der Nähe von verkehrsreichen Straßen oder von größeren Fensterscheiben eingerichtet werden.
Das Futterhäuschen so aufstellen, dass sich Katzen nicht unbemerkt anschleichen können.

Wintervögel in der Natur

DIE STUNDE DER WINTERVÖGEL
Im Januar rufen Naturschutzbund Deutschland (NABU) und der Landesbund für Vogelschutz in Bayern (LBV) auf, innerhalb einer Stunde alle Vögel im Garten zu zählen. Ziel der Aktion ist es, ein möglichst genaues Bild von der Vogelwelt in unseren Städten und Dörfern zu erhalten. Machen Sie mit!
Infos unter www.nabu.de und www.lbv.de

Ein so geschmückter Weihnachtsbäum wird von Vögeln gerne geplündert.

VÖGEL, DIE UNSERE HILFE KAUM ERREICHT

Die freilebenden Vögel überstehen die harten Wintermonate auch ohne Futtergaben oder sonstige Hilfen des Menschen, wenn ihr Lebensraum naturnah geblieben ist. Seit Jahrtausenden haben sie sich, wie die übrigen Tiere auch, in ihrer Lebensweise und ihrem Verhalten darauf eingestellt. Es gibt verschiedene Möglichkeiten, die kalten und oft schneereichen Wintermonate zu überstehen: Die Zugvögel verlassen im Herbst ihre Brutgebiete in Mitteleuropa und ziehen in wärmere Länder, um erst im Frühjahr wieder zurückzukehren. Einige der bei uns überwinternden Vögel, beispielsweise Eichel- oder Tannenhäher, Kleiber und Sumpfmeisen, verstecken im Herbst Samen bzw. Früchte, von denen sie den Winter über zehren. Der Tannenhäher findet seine angelegten Verstecke mit Zirbensamen oder Haselnüssen sogar unter einer meterdicken Schneedecke wieder, denn er prägt sich diese Stellen sehr genau ein. Die meisten der überwinternden Vögel sind jedoch auf die Nahrung angewiesen, die sie – mehr oder weniger zufällig – auf ihren Streifzügen finden. Gerade diese Vögel müssen sich im Herbst Fettreserven zulegen, um die entbehrungsreiche Zeit besser zu überstehen. Trotzdem sterben in den Wintermonaten viele Vögel, meistens aus Mangel an geeigneter Nahrung. Doch diese winterlichen Verluste sind wie schon erwähnt von der Natur „eingeplant" und führen normalerweise nicht zum Aussterben der betreffenden Art. Denn die überlebenden Vögel können im darauf folgenden Frühjahr die besten Reviere besetzen und außerdem durch erhöhte Vermehrungsraten die winterlichen Bestandseinbußen wieder ausgleichen. So erreichen in naturnahen Lebensräumen die durch einen Extremwinter dezimierten Bestände einer Vogelart bereits nach wenigen Jahren wieder ihr früheres Bestandsniveau. In einer vom Menschen nachhaltig gestörten Lebensgemeinschaft ist diese natürliche Erholung jedoch kaum möglich.

Auf einem winterlichen Spaziergang können wir mit etwas Glück viele Vögel beobachten, die so gut wie nie von menschlichen Futtergaben profitieren. Einige davon sind auf Seite 22/23 in ihrem natürlichen Lebensraum dargestellt.

Der Tannenhäher versteckt im Herbst unzählige Baumfrüchte.

Der „Pflanzgärtner" des Waldes.

Wintervögel in der Natur

WINTERLICHES TREIBEN
Im dichten Ufergebüsch turnen Schwanzmeisen herum und suchen an den dünnen Zweigen nach winzigen Kerbtieren, deren Eier und Puppen; sie machen durch ihre hohen „sisisi"- und hölzernen „tserr"-Rufe auf sich aufmerksam. Direkt am Ufer suchen Bergpieper (nicht abgebildet) nach Nahrung. Den niedrig im Ufergestrüpp huschenden Zaunkönig wird man vielleicht im ersten Moment für eine Maus halten. Dieser winzige Singvogel macht sich durch laute „teck teck teck"-Rufe bemerkbar; an sonnigen Wintertagen hört man oft seinen lauten und schmetternden Gesang. Auf den Steinen am Flussufer sieht man vielleicht eine Wasseramsel. Sie ist der einzige Singvogel, der auf dem Gewässergrund nach Nahrung sucht. Wie der Zaunkönig, dem sie in der Gestalt ähnelt, singt auch die Wasseramsel gerne an sonnigen Wintertagen. Trotz seines auffälligen, stahlblauen und rostroten Gefieders ist der Eisvogel, der auf einem Zweig am Ufer geduldig auf Fischchen lauert, leicht zu übersehen. Am besten wird man durch seine hohen, durchdringenden „zieht"-Rufe auf ihn aufmerksam.

Der seltene Raubwürger sitzt gerne auf einem Busch in der Moorlandschaft und hält nach Mäusen und Kleinvögeln Ausschau.
Auf der Wasserfläche sieht man einige weniger gut bekannte Wasservögel: Die Haubentaucher halten sich oft in größerer Entfernung zum Ufer auf. Jetzt im Winter fehlt ihnen der auffällige Kopf- und Halsschmuck des Prachtkleides. Die gedrungenen Enten im Vordergrund sind Schellenten, Brutvögel nordischer Seen, die den Winter bei uns verbringen. Sie tauchen häufig und erbeuten auf dem Gewässergrund Schnecken, Muscheln und Insektenlarven. Wenn diese Enten auffliegen, hört man deutlich das hohe Pfeifen ihrer Schwingen. Die großen und langgestreckten Gänsesäger sind ganz auf Fischnahrung eingestellt; mit ihrem langen, gezähnten Schnabel können sie ihre glitschige Beute gut festhalten. Unsere kleinsten Lappentaucher, die Zwergtaucher, übersieht man oft, da sie sich gerne in der Nähe des dicht bewachsenen Ufers aufhalten.
Die scheuen Birkhühner leben nur noch in wenigen Feuchtlandschaften und im Gebirge. Ihre karge Winter-

Wasseramseln jagen unter Wasser.

Der Eisvogel lebt vom Fischfang.

Birkhühner sind in Deutschland inzwischen leider sehr selten geworden.

nahrung besteht aus Trieben und Knospen von Bäumen und Zwergsträuchern. Ihre größeren Verwandten, die Auerhühner, sind nicht minder gefährdet. Sie überstehen den Winter fast ausschließlich mit einer relativ energiearmen Kiefernadel-Diät. Den Raufußkauz wird man auf einem Spaziergang kaum zu Gesicht bekommen. Er verschläft den Tag verborgen in dichten Bäumen. Erst in der späten Dämmerung geht er auf die Jagd nach kleinen Nagetieren, Spitzmäusen und Kleinvögeln. Schon eher begegnet man einem Schwarz- oder Grünspecht. Beide Spechtarten ernähren sich überwiegend von Ameisen: Der krähengroße Schwarzspecht erbeutet mit Vorliebe die großen Rossameisen, indem er ausgefaulte Stämme und Baumstrünke aufhackt. Der etwas kleinere Grünspecht, der noch mehr auf Ameisennahrung spezialisiert ist, muss sich im Winter oft durch hohen Schnee zu den Ameisen graben. Der Habicht ist ein sehr vorsichtiger Überraschungsjäger, der hauptsächlich Säugetiere und Vögel fängt. Im Winter jagt er auch vermehrt in offener Landschaft.

Der Schwarzspecht ist sehr scheu.

Fütterung rund ums Haus

Fütterung rund ums Haus

Blaumeise
Parus caeruleus — Familie Meisen

AUSSEHEN Kleiner und rundlicher als die Kohlmeise, mit kürzerem Schnabel. Der einzige Kleinvogel bei uns mit blaugelbem Gefieder. Das Weibchen ist etwas weniger intensiv gefärbt.
STIMME Häufig hört man den Erregungsruf, ein nasales, ansteigendes „tserrretetet", oft auch ein zartes „tui", „tsi-tsi-tsi" oder etwas rauer „dschäd". Die Gesangsstrophen der Blaumeise, sehr hell und rein klingend „zizizi-zirr" oder „zi-zi-zi-tütütü", sind oft schon an warmen Februartagen zu hören.
VORKOMMEN Häufig in Laub- und Mischwäldern, Parks und Gärten; die größte Dichte erreichen Blaumeisen im Eichenwald und in alten Auwäldern mit vielen Naturhöhlen.

VERHALTEN Blaumeisen suchen ihre Nahrung meistens an dünnen Zweigenden hängend; dementsprechend bevorzugen sie am Futterplatz die Meisenknödel und -ringe. Trotz ihrer geringen Größe sind sie häufig recht aggressiv und vertreiben oft gleich große Arten wie Tannen- und Sumpfmeisen vom Futterhaus. Manchmal setzen sie sich sogar gegen die viel stärkeren

FÜTTERUNG
Blaumeisen haben eine Vorliebe für fetthaltiges Futter, daher reicht man ihnen am besten Nüsse, Talg, feine Samen und Fettfutter.

Blaumeisen lockt man mit Fettfutter an.

Kohlmeisen durch, denn mit ihrem kurzen, kräftigen Schnabel können sie erstaunlich fest zubeißen. Neben der meisenüblichen Art des Samenöffnens durch Behämmern der Schale beherrschen Blaumeisen noch eine weitere Methode: Sie ritzen die Schale mit ihrem scharfen Schnabel ein und beißen sie dann Stück für Stück auf.

Dass Blaumeisen weit umherziehen, beweisen auch Untersuchungen, bei denen ein Jahr lang in einem Garten alle Blaumeisen gefangen und beringt wurden. Obgleich dort meist immer nur ein paar Individuen gleichzeitig anzutreffen waren, zählte man am Ende schließlich über 1000 Blaumeisen! Jungvögel können bis zu 1500 Kilometer wandern.

Auch Erdnüsse werden gerne gefressen.

Fütterung rund ums Haus

Kohlmeise
Parus major — Familie Meisen

AUSSEHEN Größte einheimische Meise, wird fast so groß wie ein Haussperling. An ihrem schwarzen Kopf mit weißen Wangen und am gelben Bauch mit schwarzem Mittelstreif ist sie leicht zu erkennen; beim Männchen reicht der Streif bis zum Unterschwanz, beim Weibchen ist er schmaler und reicht nur bis zum Bauch.

STIMME Häufig hört man ein buchfinkenartiges „pink" oder „zipink", daneben auch ein „zituit", „zizidäh" oder gedehnt „siii", bei Alarm schimpft sie schnarrend „tscher-r-r-r". Kohlmeisen ahmen häufig die Rufe anderer Meisenarten nach, beispielsweise die der Blau-, Sumpf- und Tannenmeisen. Der Gesang ist oft schon im Spätwinter zu hören, er besteht aus einfachen Strophen von ständig wiederholten Motiven und klingt wie „zi-zi-be-zi-zi-be" oder „zipe-zipe-zipe".

VORKOMMEN Die Kohlmeise ist überall häufig, man trifft sie sogar mitten in der Großstadt an, wenn wenigstens ein paar Bäume und Büsche vorhanden sind; sie erscheint an fast allen Futterhäuschen, besonders in der Nähe von Wald, Parkanlagen und Gebüsch. In Parks und im

FÜTTERUNG
Sonnenblumenkerne, Hanfsamen, Nüsse (Erd-, Hasel- oder Walnüsse), Talg, Meisenknödel und -ringe.

Das Futterhäuschen im Blockhausstil ist nicht nur bei Kohlmeisen beliebt.

Mischwald erreicht sie ihre höchste Dichte, dagegen ist sie in geschlossenem Fichtenwald selten.

VERHALTEN Am Futterhaus können wir die verschiedenen Verhaltensweisen der Kohlmeisen gut beobachten: Meistens fliegt nur eine Meise an, orientiert sich kurz, pickt schnell ein Körnchen auf und verschwindet wieder. Kaum ist die Kohlmeise abgeflogen, landet bereits eine andere, um sich wiederum ein einziges Korn zu holen. Wenn zwei Kohlmeisen gleichzeitig die Futterstelle anfliegen, ist es ratsam, mehrere kleinere Fütterungen anzubieten. Man kann leicht beobachten, wie Kohlmeisen mit erbeuteten Samen verfahren: Zunächst einmal fliegen sie damit auf einen Ast. Dann nehmen sie den Kern zwischen die Zehen beider Füße und beginnen, ihn mit kräftigen Schnabelhieben zu bearbeiten; sie hämmern so lange auf den Kern ein, bis ein kleines Loch entsteht. Wie Elektronenblitz-Aufnahmen beweisen, benutzt die Kohlmeise – wie auch alle anderen „echten" Meisen – dazu nur ihren Oberschnabel.

Im Vergleich zu den kleineren Meisenarten sind Kohlmeisen nicht so gewandt im Klettern. Daher besuchen sie seltener Meisenringe und Knödel. Sie verstecken ihre Nahrung nicht, plündern aber gerne die Vorräte anderer Meisen. Auf den Britischen Inseln öffnen Kohl- und Blaumeisen die Verschlüsse von Milchflaschen, um den Rahm zu verzehren.

Fütterung rund ums Haus

Haubenmeise
Parus cristatus — Familie Meisen

AUSSEHEN An ihrer spitzen, schwarzweiß geschuppten Federhaube ist die Haubenmeise recht leicht zu erkennen; die Oberseite ist braun, die Unterseite schmutzigweiß gefärbt.
STIMME Meist wird man auf diese Meise erst durch ihre schnurrendrollenden Rufe aufmerksam: „ürrr-r" oder „zizigürrr-r".
VORKOMMEN Sie ist noch mehr als die Tannenmeise an Nadelwald gebunden, bewohnt jedoch auch kleine Nadelwaldinseln inmitten von Laubwald. Sie lebt vorwiegend in Kiefern- und Fichtenwald, im Gebirge kommt sie bis zur Baumgrenze vor. Außerhalb der Brutzeit streifen die Vögel bis in Höhen von 2300 m umher. Meistens sind Haubenmeisen sehr standorttreu und bleiben das ganze Jahr über in ihrem Brutrevier. Ihre bevorzugte Nahrung – kleine Insekten, deren Entwicklungsstadien und Spinnen – suchen Haubenmeisen meist hoch in den Bäumen. Im Winter verzehren sie auch Kiefernsamen.
VERHALTEN Haubenmeisen besuchen Futterstellen nur, wenn Nadelbäume in direkter Nähe vorhanden sind, also meistens an Waldrändern

FÜTTERUNG
Meisenringe und -knödel, Hanfsamen, Talg, Nüsse (Erd-, Hasel- und Walnüsse) sowie Sonnenblumenkerne.

Haubenmeisen sind seltene, aber sehr geschätzte Gäste an den Futterplätzen.

oder Parks mit älterem Nadelbaumbestand. Entsprechend ihrer nur geringen sozialen Veranlagung sind sie auch nicht so zahlreich an Futterstellen anzutreffen wie Kohl- und Blaumeisen; meistens treten sie paarweise auf. Wie auch die Sumpfmeise sammelt die Haubenmeise Vorräte; als Verstecke dazu dienen ihr kleine Ritzen hinter der rissigen Rinde von Nadelbäumen oder die auf den Ästen wachsenden Flechten. Nicht selten werden diese Vorräte von anderen Meisen (und Kleibern) geplündert. Neben der Kohlmeise halten sie sich von unseren Meisenarten am häufigsten bei der Nahrungssuche am Boden auf, besonders im Spätwinter, wenn dort bereits Spinnen und Insekten zu erbeuten sind, die in der wärmenden Frühlingssonne zu neuem Leben erwacht sind.

Die kecke Federhaube ist kennzeichnend.

Fütterung rund ums Haus

Tannenmeise
Parus ater — **Familie Meisen**

AUSSEHEN Kleinste einheimische Meise; in der Kopffärbung ähnelt sie etwas der Kohlmeise, doch weist ihr Gefieder nur im Jugendkleid Gelb auf. Kennzeichnend ist ein länglicher, weißer Fleck im Nacken.

STIMME Tannenmeisen halten untereinander fast ständig Kontakt mit hohen dünnen Rufen wie „si" oder „zizizi", bei Erregung hört man hohe, nasale „tüi"- oder „sitjü"-Laute, bei Auftauchen eines Sperbers warnen sie hoch und sehr schnell „sisisisi". Das ganze Jahr über hört man ihre zarten Gesangsstrophen: „zewizewizewi" oder „sitüsitüsitü". Auch die Weibchen singen.

VORKOMMEN Hauptsächlich in Fichtenwald, auch in Tannen- und – seltener – in Kiefernwald; auch in Nadelwaldinseln inmitten von Laubwald. Besucht häufig Futterstellen, die in der direkten Nähe von Nadelwald liegen, vor allem an Waldrändern und in Parks mit älterem Nadelbaumbestand. Im Gebirge trifft man Tannenmeisen bis zur Baumgrenze an.

VERHALTEN Tannenmeisen finden ihre Nahrung – Insekten und deren Entwicklungsstadien – meist hoch oben in den Fichten turnend; in Jah-

---

FÜTTERUNG
Nimmt gerne Sonnenblumenkerne, Hanfsamen und Nüsse (Erd-, Wal- und Haselnüsse).

Die Tannenmeise ist unsere kleinste Meise, ihr fehlen die kräftigen Farbtöne der Kohlmeise.

ren mit reichlichem Angebot an Fichtenzapfen verzehren sie sehr viele Fichtensamen und sind dann viel seltener an den Futterstellen anzutreffen. Wenn sie nicht gestört werden, verstecken Tannenmeisen ähnlich den Sumpfmeisen Samen und Kerne. Sie wählen dazu die äußersten Bereiche an dichten Nadelzweigen, denn dort suchen sie auch sonst ihre Nahrung. Außerdem sind die Körnchen hier vor den anderen Meisenarten sicher, da diese nicht an solchen exponierten Stellen suchen. Nicht selten profitiert die Tannenmeise von der „Arbeit" der Eichhörnchen, denn die Nager öffnen nicht nur die Zapfen, sondern lassen auch viele Fichten- und Kiefernsamen liegen und decken so den Tisch für die kleinen Meisen. Tannenmeisen scheinen vor dem Menschen keine allzu große Angst zu haben, denn sie sind in der Regel die ersten, die auf die Hand kommen, wenn ihnen darauf Futter angeboten wird. Besonders auf Friedhöfen und in Kurgebieten lassen sich Tannenmeisen häufig aus der Hand füttern. Tannenmeisen sind in der Regel Standvögel, die auch den Winter bei uns verbringen. Je nach Nahrungsangebot und Bestandsdichte kommt es jedoch immer wieder zu ungerichteten Massenwanderungen, die oft über die Alpen führen. Bei einer solchen „Evasion" gelangte beispielsweise eine in Niedersachsen kontrollierte Tannenmeise bis nach Marokko.

Fütterung rund ums Haus

Sumpfmeise
Parus palustris — Familie Meisen

AUSSEHEN Kleine, graue Meise („Graumeise"), von der Größe einer Blaumeise; kennzeichnend sind die glänzend-schwarze Kopfkappe, die bis in den Nacken reicht, der kleine, schwarze Kehllatz und die weißen Wangen. Die Flanken sind rahmfarben, heller als bei der sehr ähnlichen Weidenmeise.

STIMME Sumpfmeisen sind sehr stimmfreudig; häufig hört man kurze Rufe wie „pistjü", „zidjä" oder – bei stärkerer Erregung – „pistjü dädädä". Nicht selten imitieren Kohlmeisen die Sumpfmeisenrufe. Schon ab Februar sind die Gesangsstrophen der Sumpfmeisen zu hören: relativ eintönige Folgen, die wie „zjezjezje…", „tjitjitji…" oder „ziwüdziwüdziwüd" klingen.

VORKOMMEN Entgegen ihres Namens ist die Sumpfmeise weniger im Sumpf anzutreffen, als in Auwäldern, Laub- und Mischwäldern, Feldgehölzen und in Parks – vor allem aber in Altbeständen mit einer gut entwickelten Strauchschicht. Wichtig ist ein ausreichen-

FÜTTERUNG
Den Winter über ernähren sich Sumpfmeisen hauptsächlich von Samen verschiedener Kräuter und Gräser. Am Futterhaus nehmen sie am liebsten Hanfsamen und Sonnenblumenkerne, aber auch Erdnüsse. Fett ist dagegen viel weniger beliebt.

Typisch für die Sumpfmeise ist der kleine, schwarze, sauber begrenzte Kehllatz.

des Angebot an Naturhöhlen, denn die Sumpfmeise kann sich gegen die konkurrenzstarken Höhlenbrüter wie Kleiber sowie Kohl- und Blaumeisen nicht durchsetzen. Im Winter kommt sie auch in die Gärten und besucht die Futterstellen, wenn ausreichend Gebüsch und Bäume vorhanden sind.

VERHALTEN Sumpfmeisen erscheinen in der Regel paarweise am Futterhaus; allerdings gibt es dann auch gleichgeschlechtliche „Paare", die den Winter über zusammenhalten, denn die Geschlechter sind nahezu gleich gefärbt. Erst im Frühjahr, wenn die Männchen zu singen beginnen, trennen sich die „falschen" Paare wieder. Sumpfmeisen sind Kohl- und Blaumeisen zwar kräftemäßig unterlegen, aber sie sind oft so flink, dass sie die kurzen Augenblicke nutzen können, an dem das Futterhaus gerade frei ist, und sich so ihren Anteil sichern. Dabei fliegen die Paare fortwährend zum Futterplatz und tragen Samen um Samen fort. Sie nehmen, anders als andere Meisen, jeweils mehrere Samen mit; von Hanfsamen beispielsweise bis zu drei Stück. Die Samen werden jedoch nicht gleich verzehrt, sondern in geeignete Verstecke transportiert; dies können Astgabeln, Rindenspalten, dürre Blätter oder altes Laub am Boden sein. Jedes Körnchen erhält sein eigenes Versteck, das dann aber oft doch nicht mehr gefunden wird.

Fütterung rund ums Haus

Kleiber
Sitta europaea — Familie Kleiber

AUSSEHEN Etwa so groß wie ein Haussperling; leicht erkennbar an der gedrungenen Gestalt mit kurzem Schwanz, langem, schwarzem Augenstreif und starkem, spechtartigem Schnabel. Männchen und Weibchen sind ähnlich gefärbt, beim Männchen sind Flanken und Unterschwanzdecken intensiv kastanienbraun, beim Weibchen dagegen blassbraun.

STIMME Das ganze Jahr über hört man von den Kleibern schallende „tuittuit tuit"-Rufe, bei einer Störung schimpfen sie durchdringend „tititirri". Ihr Gesang ist weit hörbar und recht gut nachzupfeifen. Schon ab Ende Februar grenzen die Männchen ihre Reviere mit lauten, pfeifenden und trillernden Strophen ab: „wiwiwiwiwi…", „tuittuittuittui…" oder „trirrr".

VERHALTEN Kleiber sind auf das Klettern an der Baumrinde spezialisiert, sie laufen auch an der Unterseite von Ästen und sogar stammabwärts mit dem Kopf nach unten. In dieser Haltung können sie allerdings nicht senkrecht nach unten

---

FÜTTERUNG
Natürlicherweise ernähren sich Kleiber von Insekten und deren Larven, die sie in den Ritzen und Spalten der Baumrinde aufstöbern. Als Futter bietet man ihnen am besten Sonnenblumenkerne, Hanfsamen und Nüsse an.

laufen, sondern nur schräg im Zickzackkurs; dabei ist einer der kräftigen Füße weiter oben festgekrallt und hält den Körper. Kleiber sind Höhlenbrüter. Ihren Namen verdanken sie der Fähigkeit, für sie zu große Höhleneingänge mit feuchtem Lehm so weit zuzumauern, dass sie gerade noch selbst durchschlüpfen können; durch diesen Trick halten sie sich größere Konkurrenten vom Leibe. Kleiber sind wenig gesellig und leben das ganze Jahr über paarweise in festen Revieren, die sie auch im Winter gegen Artgenossen verteidigen. Häufig besuchen die Paare Futterhäuschen, Voraussetzung ist allerdings das Vorhandensein von älteren Bäumen in direkter Nähe. Am Futterplatz sind Kleiber aufgrund ihrer Robustheit allen kleineren und den meisten gleich großen Arten überlegen. Wenn ein anderer Vogel nicht sofort das Feld räumt, wird er vehement angegriffen. Nur manchen Grünfinken gelingt es, sich gegen die aggressiven Kleiber erfolgreich zur Wehr zu setzen, indem sie einfach zurückdrohen. Kleiber sind wie Sumpf- und Tannenmeisen Vorratssammler. In ihrem langen Schnabel können sie zwei bis drei Sonnenblumenkerne gleichzeitig unterbringen. Damit fliegen sie zu geeigneten Bäumen und verstecken die Beute in Ritzen und Spalten der Rinde, dann hämmern sie den Samen mit dem Schnabel fest. Um das Versteck vor dem Zugriff der anderen Vögel zu schützen, tarnen sie es mit Rindenstückchen, Flechten oder Moos. Da die Kleiber sehr reviertreu sind, finden sie auf ihren Streifzügen immer wieder eines ihrer Verstecke. Gefundene Haselnüsse werden in geeignete Spalten eingeklemmt und kräftig behämmert, bis die Schale entzweigebrochen ist; die Klopfgeräusche sind dabei so laut, dass man nicht selten einen Specht vermutet. Bei der Insektenjagd lesen Kleiber ihre Beutetiere von der Rinde, von Ästen oder Zweigen und Blättern ab, stöbern sie in Ritzen der Stämme und Äste auf oder hacken zu diesem Zweck mit ihrem starken Schnabel erstaunlich große Rindenstücke entzwei. Mitunter sieht man Kleiber auch am Boden nach Nahrung suchen; dort haben sie es meist auf Samen abgesehen, die sie zwischen altem Laub hervorstochern. Als ausgeprägte Baumvögel halten sie dabei gerne „Tuchfühlung" zu einem Stamm.

Kleiber lieben Fettfutter.

Sie klettern auch kopfunter.

Fütterung rund ums Haus

Gartenbaumläufer
Certhia brachydactyla — Familie Baumläufer

AUSSEHEN Blaumeisengroßer, oberseits rindenfarbiger Vogel mit langem, gebogenem Schnabel und langem Stützschwanz. Die Unterseite ist weißlich mit zart bräunlichen Flanken.

STIMME Ruft häufig laut und hoch „tüt" oder „tüt tüt tüt", manchmal auch hoch „srie". Sein Gesang ist eine kurze und laute Strophe aus ansteigenden, hohen und feinen Pfeiftönen wie „tütütütiroiti".

VORKOMMEN Recht häufig in lichtem Laub- und Mischwald, auch in Parks und Gärten mit älterem Baumbestand.

VERHALTEN Gartenbaumläufer sind wenig gesellig, bilden jedoch im Winter regelmäßig Schlafgemeinschaften an regengeschützten Plätzen, z. B. unter dem Dach einer Hütte. Dort versammeln sich allabendlich zehn und mehr Baumläufer mit stark geplustertem Gefieder, um eng zusammengekuschelt und mit nach außen weisenden Schwänzen der winterlichen Kälte zu trotzen. Meistens liegt der Schlafplatz in der Nähe einer ergiebigen Futterquelle. Die meisten Baumläufer kommen nicht in den Genuss unserer Futtergaben.

FÜTTERUNG
Eine Mischung aus Rindertalg und Kleie wird einfach an die Baumrinde gestrichen, man kann aber auch Weichfutter für Insektenfresser verwenden.

Waldbaumläufer
Certhia familiaris — Familie Baumläufer

AUSSEHEN Dem Gartenbaumläufer sehr ähnlich, aber mit kürzerem Schnabel, deutlich ausgeprägtem Überaugenstreif und reinweißer Unterseite.
STIMME Ruft hoch und scharf „srii", oft gereiht, bei Gefahr „sriitsitsitsi". Die Gesangsstrophen sind länger und leiser als beim Gartenbaumläufer, eine abfallende, zweiteilige Reihe von hohen Tönen.
VORKOMMEN Bewohnt geschlossenen Nadelwald, auch dichte Fichtenbestände; seltener in Parks und Gärten als die Zwillingsart.
VERHALTEN Baumläufer klettern bei der Nahrungssuche in kleinen Sprüngen an Baumstämmen hoch; oben angekommen fliegen sie zum Fuß eines anderen Baumes, um erneut aufwärts zu klettern. Im Winterhalbjahr schließen sich Waldbaumläufer nicht selten Meisentrupps an, viele sind jedoch in der kalten Jahreszeit solitär. Im Gegensatz zum Gartenbaumläufer schlafen sie in der Regel einzeln – und zwar an mehr oder weniger senkrechten Stämmen; dabei wählen sie gerne weiche Rinde oder morsches Holz. Sie ernähren sich von kleinen Insekten, die sich zum Überwintern in der Rinde oder zwischen Baumflechten versteckt haben. Die mitteleuropäischen Baumläufer sind Standvögel, die kaum größere Wanderungen unternehmen. Nach einer Reihe von milden Wintern aber kann ein kleiner Teil der Vögel bis über 100 km weit verstreichen.

Fütterung rund ums Haus

Star
Sturnus vulgaris — Familie Stare

AUSSEHEN Ähnlich der Amsel, jedoch kleiner und viel kurzschwänziger; langer und spitzer, gelber Schnabel, färbt sich im Herbst braun. Gefieder im Herbst mit weißen Punkten dicht übersät; Prachtkleid grünlich-violett glänzend. Im Flug fallen die spitzen, dreieckigen Flügel auf.
STIMME Heiser „rräh" oder „ärr", schrill „schrien" oder bei Gefahr „spett spett". Der Gesang ist sehr abwechslungsreich schwätzend und pfeifend, mit einer Vielzahl von Imitationen anderer Vogelstimmen und Geräusche. Singt ab Februar.
VORKOMMEN Häufiger Vogel in offenem Kulturland mit Bäumen, in lichten Laub- und Mischwäldern, Parks und Gärten.

VERHALTEN Stare suchen ihre Nahrung in wackelndem Gang und ständig stochernd auf dem Boden. Dabei wenden sie das „Zirkeln" an: Sie stecken den Schnabel in den Boden, öffnen ihn und schauen durch den entstandenen Spalt, ob sich etwas zu fressen findet. Sie sind sehr gesellig. Teilzieher. Bereits im Februar kehren die ersten Stare zurück. Sie besuchen vor allem bei hoher Schneelage gern die Futterstellen.

> **FÜTTERUNG**
> Mit Haferflocken, Talg, kleinen Samen und getrockneten Beeren füttern.

Amsel
Turdus merula — Familie Drosseln

AUSSEHEN Gefieder des Männchens einheitlich schwarz, das des Weibchens dunkelbraun; nur beim Männchen sind Schnabel und Augenring leuchtend gelb. Recht häufig sieht man Amseln mit weißen Gefiederpartien.
STIMME Ein hartes „duk duk duk" oder „dak dak dak", bei Erregung „tix tix" oder metallisch „tsink tsink", das sich zu einem schrillen Zetern steigern kann. Der Amselgesang, ab Februar zu hören, ist volltönend und laut, von flötendem und orgelndem Klangcharakter.
VORKOMMEN Einstmals ein scheuer Waldvogel, heute einer der häufigsten Vögel in Parks und Gärten und sogar in kleinen Grünanlagen mitten in der Großstadt. Amseln sind Teilzieher, besonders die noch im Wald lebenden. Die in Mitteleuropa innerhalb von Siedlungen lebenden Artgenossen sind dagegen überwiegend Standvögel.
VERHALTEN Die Amseln suchen wie alle Drosseln ihre Nahrung am liebsten auf dem Boden. Am Futterplatz sind sie oft streitsüchtig und jagen einander, aber auch andere Vögel, vom Futter weg.

FÜTTERUNG
Am besten reicht man Amseln in Öl eingetauchte Haferflocken, Rosinen, getrocknete Beeren, Obst, kleine Nüsse, Weich- und Fettfutter.

Fütterung rund ums Haus

Misteldrossel
Turdus viscivorus — Familie Drosseln

AUSSEHEN Unsere größte Drossel, deutlich größer, langflügeliger und langschwänziger als die Singdrossel; ihre Unterseite ist gröber gefleckt, die Oberseite mehr graubraun getönt. Im Flug sind die weißen Schwanzecken und die wellenförmige Flugbahn sowie die kraftvolle Flugweise kennzeichnend.
STIMME Typisch ist ein lautes und trocken schnurrendes „kerr". Der Gesang erinnert an den der Amsel, ist aber eintöniger, weniger abwechslungsreich und klingt melancholisch. Singt bereits ab Februar.
VORKOMMEN Relativ häufig in hochstämmigen Wäldern, vor allem in lichtem Nadelwald mit angrenzenden Wiesen und Weiden. Die Misteldrossel ist ein Teilzieher.

VERHALTEN Misteldrosseln kommen gebietsweise an Futterstellen, wo sie Weichfutter bevorzugen. Auf höheren Bäumen mit vielen Misteln harren sie im Winter oft wochenlang aus und verteidigen ihre Vorräte gegenüber anderen Vögeln. Dann sieht man sie in kleinen, locker zusammenhaltenden Trupps. Auf Wiesen und Weiden fliegen sie weiter hinaus als Singdrosseln.

FÜTTERUNG
Mit Weichfutter, getrockneten Beeren (gerne natürlich Mistel), Rosinen, Äpfeln, kurz in Öl eingetauchten Haferflocken und Nüssen füttern.

Wacholderdrossel
Turdus pilaris — Familie Drosseln

AUSSEHEN Etwas größer als eine Amsel, auffallend kontrastreich gefärbt. Im Flug sind die weißen Unterflügel sichtbar.

STIMME Im Flug rufen Wacholderdrosseln oft laut und rau „trarrat" oder „schak schak achak", bei Gefahr warnen sie schnarrend „trr-trrtrrt". Der Gesang ist nicht sehr melodisch, ein schwätzendes und gepresstes Zwitschern mit harten und schrillen Tönen durchsetzt.

VORKOMMEN Relativ häufig in der Kulturlandschaft, in Dörfern, Parks und Gärten mit Baumbestand oder Gebüsch. Bei uns sind sie meist Kurzstreckenzieher, die je nach Härte des Winters und Nahrungsangebot (vor allem Vogelbeeren) mehr oder weniger weit ziehen.

VERHALTEN Die Wacholderdrosseln kommen meistens erst am Ende des Winters zu den Futterstellen, da dann ihre wichtigsten Nahrungsquellen – Beeren und Fallobst – allmählich versiegen. Im Verhalten ähneln sie den Amseln, als Schwarmvögel sind sie jedoch viel weniger aggressiv gegeneinander und sitzen oft beim Fressen dicht an dicht. Nicht selten sieht man sie zu mehreren in beerentragenden Sträuchern oder in Apfelbäumen.

FÜTTERUNG
Getrocknete Beeren, Obst, Rosinen, kurz in Öl getauchte Haferflocken, Nüsse, Weichfutter.

Fütterung rund ums Haus

Rotkehlchen
Erithacus rubecula — Familie Schnäpperverwandte

AUSSEHEN Knapp sperlingsgroß, rundlich und langbeinig, leicht an der roten Kehle und Brust erkennbar; auffallend sind auch die großen, dunklen Augen.
STIMME Bei Störung ruft es scharf „zick", oft in schneller Folge (Schnickern), bei Gefahr aus der Luft warnt es hoch und durchdringend „zieh". Der Gesang, eine herabperlende, klare und feierliche Tonreihe, hört man oft sogar noch im Spätherbst und Winter.
VORKOMMEN Häufig in unterholzreichen Wäldern, in Parks und Gärten mit Bäumen oder Gebüsch. Teilzieher, einige überwintern.
VERHALTEN Rotkehlchen sind ausgeprägte Einzelgänger, die auch im Winter feste Reviere haben und keine Konkurrenz dulden. Auch die Weibchen verteidigen Winterreviere gegen jedes andere Rotkehlchen. Erst im Frühjahr legt sich ihre Aggressivität, sodass die Paarbildung gelingen kann. Dem Menschen gegenüber sind diese Vögel nicht scheu.

FÜTTERUNG
Rotkehlchen suchen ihre Nahrung vorwiegend auf dem Boden; daher sollte man ihnen das Futter (Rosinen, getrocknete Beeren, in Öl eingetauchte Haferflocken und Weichfutter) an einer regengeschützten Stelle am Boden anbieten.

Das aparte Rotkehlchen gehört zu den beliebtesten Kleinvögeln an jeder Art von Fütterung.

Fütterung rund ums Haus

Heckenbraunelle
Prunella modularis — Familie Braunellen

AUSSEHEN Ähnelt in Größe und Färbung dem Haussperlings-Weibchen, ist jedoch schlanker und hat einen dünnen Schnabel; Kopf und Brust sind bleigrau. Jungvögel sind noch schlichter und unauffälliger, mehr braun sowie unterseits und an den Kopfseiten recht deutlich gestreift.

STIMME Ruft bei Erregung hoch pfeifend „zieh", im Flug ist oft ein hohes, reines „dididi" zu hören. Der Gesang ist von heller Klangfarbe, wohlklingend und wird eilig zwitschernd vorgetragen. Er erinnert an das Quietschen eines ungeölten Rades. Bereits ab Ende Februar sind die Strophen zu hören.

VORKOMMEN Kommt häufig in Nadel- und Mischwäldern, Parks und Gärten mit dichtem Bewuchs vor. Im Gebirge bis in die Latschenregion. Teilzieher.

VERHALTEN Einige Heckenbraunellen überwintern bei uns, die Mehrzahl von ihnen zieht jedoch in wärmere Gebiete. Am Futterplatz halten sich diese deckungsliebenden Vögel meist am Boden auf und sind daher leicht zu übersehen; sie hüpfen in geduckter Haltung und picken kleine Samen auf, die von den anderen Futterhausgästen fallen gelassen wurden.

FÜTTERUNG
Feine Samen (Mohn), Rosinen, Obst, Weichfutter.

Feldsperling
Passer montanus — Familie Sperlinge

AUSSEHEN Schlanker als der Haussperling; an der kastanienbraunen Färbung von Oberkopf und Nacken und dem schwarzen Ohrfleck leicht zu erkennen. Männchen und Weibchen gleich gefärbt.

STIMME Bei Erregung und im Flug hört man oft ein hartes „tek tek tek", das auch mit „zwit" kombiniert werden kann. Der Gesang ist wie beim Haussperling ein rhythmisches, stammelndes Tschilpen, klingt jedoch etwas geräuschhafter und ist kürzer.

VORKOMMEN Ein Bewohner der offenen Kulturlandschaft mit Hecken, Feldgehölzen, Obstgärten, auch in Parks und an Stadt- und Dorfrändern, aber weit weniger an Siedlungen gebunden als der Haussperling. Besucht kaum die Zentren von Großstädten. In Mitteleuropa meist Standvogel, nur ein kleiner Teil der Bestände unternimmt im Herbst größere Wanderungen.

VERHALTEN Feldsperlinge sind ebenso gesellig wie Haussperlinge, jedoch unauffälliger und nicht so lärmend. Im Winter besuchen sie oft in Trupps Fütterungen an Dorfrändern, häufig zusammen mit Goldammern. Die Sperlinge hängen sich aber auch gerne an Meisenknödel.

> **FÜTTERUNG**
> Mit Fettfutter, Haferflocken, kleinen Samen (Hirse, Rübsen, Mohn) füttern.

Fütterung rund ums Haus

Haussperling
Passer domesticus — Familie Sperlinge

AUSSEHEN Männchen recht kontrastreich gefärbt, Weibchen und Jungvögel unscheinbar graubraun.
STIMME Aufgeregte Hausspatzen schimpfen mit durchdringendem „tetetetet" oder „tschedtsched", ihre Flugrufe klingen wie „tschuib" oder „dschlue". Das allbekannte, rhythmische Tschilpen „tschilp tschelp tschilp…" ist seiner Funktion nach der Gesang.
VORKOMMEN Meist dort, wo es Häuser gibt; häufiger Kulturfolger in Dörfern und Städten, jedoch vielerorts besorgniserregender Rückgang.
VERHALTEN Haussperlinge sind sehr gesellig, sie treten oft in lärmenden Trupps auf, die einander ständig verfolgen. Sie sind einerseits sehr vorsichtig, andererseits sehr findig und nützen jede sich bietende Futterquelle sofort aus. Früher wollte man „Spatzen" gerne von Futterhäusern fernhalten, indem man den Zugang so gestaltete, dass sie nicht mehr hindurchpassten; dieses nicht mehr zeitgemäße Vorgehen schloss natürlich auch andere Futterhausgäste aus. Sie sind sehr anpassungsfähig und suchen im Winter auch in Tierparks, auf Hühnerfarmen und in Getreidespeichern nach Körnern.

FÜTTERUNG
Größere Samen, Haferflocken und Getreide, aber auch kleine Samen.

Das Haussperlings-Männchen erkennt man am schwarzen Latz und dem grauen Scheitel.

Fütterung rund ums Haus

Kernbeißer
Coccothraustes coccothraustes — Familie Finken

AUSSEHEN Deutlich größer als der Haussperling, gedrungen und dickköpfig, mit kräftigem, klobigem Schnabel – im Winter hornfarben, im Sommer blaugrau. Gefieder sehr bunt, beim Weibchen jedoch blasser. Das weiße Schwanzende, beim Auffliegen oft zu sehen, ist sehr auffallend.

STIMME Durch die kurzen und scharfen „zicks"-Rufe wird man häufig auf sitzende oder fliegende Kernbeißer aufmerksam, daneben hört man auch ein hohes „jichz" und etwas gedehnt „ziek". Der Gesang ist unbedeutend und selten zu hören: Eine abgehackt klingende und klirrende Aneinanderreihung von variierten Rufen, nasalen Lauten und Quietschtönen.

VORKOMMEN Recht häufig in Laub- und Mischwald, besonders mit Buche, Hainbuche und Ahorn, auch in Gärten mit Laubbaumbestand.

VERHALTEN Kernbeißer fliegen schnell und geradlinig, oft in Baumkronenhöhe, dabei scheinen die

FÜTTERUNG
Ernährt sich vor allem von Baumsamen (Ahorn, Hainbuche), Knospen und Kernen von Steinobst, z. B. Kirschkernen, die er mit seinem klobigen Schnabel aufknackt. Als Futter bietet man am besten Sonnenblumenkerne, Hanfsamen, Nüsse und geschrotetes Getreide an.

Trotz ihres gewaltigen Schnabels sind Kernbeißer recht friedfertige Futterhausgäste.

weißen Flügelpartien hell durch. Wie die Gimpel sind sie im Winter eigentlich nicht auf Futtergaben des Menschen angewiesen, da Baumsamen, ihre Hauptnahrung, meist zur Verfügung stehen. Entsprechend ihrer Lebensweise hoch oben in den Baumkronen besuchen sie gerne Fütterungen, die an Hochhäusern platziert sind. Aber auch an bodennahen Futterhäusern erscheinen die scheuen Finken gelegentlich, sofern diese nicht mitten in der Stadt liegen.
Aufgrund seines furchterregenden Schnabels hat es der Kernbeißer nicht schwer, die übrigen Futterhausgäste in respektvoller Entfernung zu halten, er braucht zu diesem Zweck nicht einmal zu drohen.

Früher wurde der Kernbeißer auch „Kirschkernbeißer" genannt, da er tatsächlich Kirschkerne knacken kann. Dabei muss er zwischen seinen Schnabelhälften eine Kraft von rund 50 kg aufbringen. Im Mittelmeerraum lebende Kernbeißer verzehren auch Olivenkerne, für deren Aufknacken sogar ein Druck von 70 kg erforderlich ist.
Kernbeißer sind Standvögel, die nahrungsbedingt von Jahr zu Jahr unterschiedlich weite Wanderungen unternehmen. Die nördlichen Populationen sind Teilzieher; sie verlassen ab Juli ihre Brutgebiete und wandern von Ende September bis Mitte Oktober in den nördlichen Mittelmeerraum, hauptsächlich auf die Iberische Halbinsel.

Fütterung rund ums Haus

Gimpel
Pyrrhula pyrrhula — Familie Finken

AUSSEHEN Gedrungen und plump, etwas größer als ein Haussperling; weiterhin sind der schwarze Kegelschnabel, die schwarze Kopfkappe und der beim Auffliegen deutlich sichtbare, weiße Bürzel auffallend. Männchen mit leuchtend rosenroter Unterseite, Weibchen unterseits bräunlich grau.

STIMME Gimpelrufe sind leicht nachzupfeifen; oft hört man ein melodisches, weiches „djü" oder „wüp", beim Abflug ein leises „büt büt". In manchen Wintern hört man bei uns auch die tieferen, etwas trompetenden Rufe von Gimpeln aus nordöstlichen Brutgebieten.
Der Gesang ist nur selten zu hören, da er unauffällig ist und leise vorgetragen wird: Ein pfeifendes und zwitscherndes Geplauder mit eingestreuten Lockrufen und gepressten Tönen, die eher einen Bauchredner als einen Singvogel vermuten lassen. Er dient wohl hauptsächlich dem Paarzusammenhalt, denn er ist das

> **FÜTTERUNG**
> Gimpel ernähren sich vor allem von den Samen der Bäume und verschiedener Kräuter; eine besondere Vorliebe haben sie für Knospen (Blatt- und Blütenknospen). Als Futter reicht man ihnen Sonnenblumenkerne, getrocknete Beeren, gehackte Nüsse, geschrotetes Getreide und auch Waldvogelfutter.

Den Gimpel-Weibchen fehlt das leuchtende Rot, sie zeigen eine eher schlichte Eleganz.

ganze Jahr zu hören. In Gefangenschaft lernen Gimpel, Melodien nachzupfeifen. So konnte ein Männchen die Volkslied-Melodien von „Im tiefen Böhmerwald" und „Abend wird es wieder" perfekt vortragen.

VORKOMMEN Ziemlich häufig in Nadel- und Mischwäldern, an Waldrändern, in Parks, Friedhöfen und Gärten. Gimpel lockt man am besten mit Schneeball und Vogelbeere in den Garten, denn die roten Beeren beider Gehölze frisst er besonders gerne.

VERHALTEN Gimpel sind wenig scheu und lassen sich daher auch leicht beobachten. Sie leben meist paarweise, im Winter schließen sich mehrere Paare zu einem kleinen Trupp zusammen und streifen umher. Die Vögel sind aufgrund der immer verfügbaren Knospennahrung nicht auf Futterhäuschen angewiesen. An vielen Fütterungen erscheinen sie dennoch regelmäßig, andere wiederum lassen sie völlig unbeachtet. Sie lassen sich offensichtlich nicht so leicht von anderen Vogelarten zum Futterplatz locken, sondern reagieren erst, wenn ein Artgenosse eine ergiebige Futterquelle entdeckt hat. Im Gegensatz zu vielen anderen Vogelarten sind Gimpel ausgesprochen friedfertig; sie verteidigen nicht ständig ihr Territorium. Im Futterhäuschen fressen oft viele von ihnen gemeinsam, ohne sich, wie bei anderen Finken üblich, ständig gegenseitig anzudrohen.

Fütterung rund ums Haus

Buchfink
Fringilla coelebs — Familie Finken

AUSSEHEN Etwa sperlingsgroß; in allen Kleidern leicht erkennbar an den auffälligen, weißen Flügelabzeichen, die besonders im Flug zur Geltung kommen. Männchen recht bunt mit blaugrauem Kopf und rötlich brauner Unterseite, im Winter jedoch deutlich blasser, die Unterseite ist dann bräunlich grau. Das Weibchen ist stets unauffällig bräunlich gefärbt.

STIMME Buchfinken warnen mit kurzen und lauten „pink"-Rufen, die an die Kohlmeise erinnern; bei Erregung hört man oft ein weiches „füid" oder ein rhythmisch wiederholtes „wrrüt" (Regenruf), beim Auffliegen ein kurzes „jüb". Der Gesang ist schon ab Ende Februar an schönen Tagen zu hören: eine laut schmetternde, abfallende Strophe mit betontem Schlussteil.

VORKOMMEN Buchfinken sind überall häufig, wo es Bäume gibt; in Wäldern aller Art, Gehölzen, Parks, Gärten und Anlagen. Teilzieher, vor allem viele Weibchen, ziehen im Spätherbst in mildere Gebiete.

FÜTTERUNG
Buchfinken ernähren sich im Winter von Samen verschiedener Bäume, Kräuter und Gräser. Man füttert am besten kleine Samen (Sonnenblumenkerne sind schon etwas zu groß), Haferflocken, gehackte Nüsse und getrocknete Beeren.

Die Buchfink-Weibchen ziehen im Herbst meist fort, daher der Artname „coelebs" = ehelos.

VERHALTEN Auch an günstigen Futterplätzen erscheinen Buchfinken nur in geringer Zahl; es sind meistens Männchen, die hier auch ihr Brutrevier haben. In der Regel sind sie scheu und haben nicht nur vor dem Menschen Angst, sondern lassen sich auch von den meisten anderen Vögeln vom Futter vertreiben. Oft sieht man sie unterhalb der Futterhäuser Nahrung suchen; sie trippeln mit ruckartigen Kopfbewegungen und picken Körner auf, die von anderen Vögeln aus dem Häuschen geschleudert wurden. Mit Bergfinken sind sie recht häufig vergesellschaftet. Meistens ziehen Buchfinken die Randbereiche von futtersuchenden Vogelscharen vor, um bei Gefahr sofort flüchten zu können. Am Boden laufen sie mit raschen Trippelschritten und nickendem Kopf; auf unebenem Grund dagegen hüpfen sie schnell.

Die Vögel Mitteleuropas sind Teilzieher; die nördlichen Populationen räumen im Herbst ihre Brutgebiete völlig, deren Überwinterungsgebiete liegen in Süd-, Südwest- und Westeuropa sowie in Nordafrika und Vorderasien.

Wenn die nordischen Wintergäste im März wieder zurück in ihre Brutgebiete ziehen, sieht man Buchfinken nicht selten in größeren Trupps zusammen mit anderen Finken und Ammern auf den Feldern. Dann hört man ihre Flugrufe und kurze Gesangsstrophen.

Fütterung rund ums Haus

Bergfink
Fringilla montifringilla — Familie Finken

AUSSEHEN So groß wie ein Buchfink, wirkt aber etwas kräftiger; im Winter sind Kopf und Vorderrücken des Männchens bräunlich grau geschuppt; diese Partien werden im zeitigen Frühjahr durch Abnutzung der hellen Federsäume allmählich schwarz. Weibchen sind weniger kontrastreich gefärbt. Bergfinken erkennt man vor allem beim Auffliegen am weißen Bürzel.

STIMME Der Bergfink hat auffallend quäkende Rufe: „dschäe" oder „kwäig"; von fliegenden Vögeln ist oft ein kurzes „jäk" zu hören. Gelegentlich singen die Männchen schon an warmen Märztagen, ihr Gesang erinnert an den des Grünfinken und an die Geräusche einer Kreissäge „dsäää" oder „schwäää".

VORKOMMEN Bei uns trifft man Bergfinken vor allem in Buchenwäldern an, aber auch auf Feldern, in Gärten und Parks, wo sie dann häufig die Futterhäuser besuchen.

VERHALTEN Die Vögel brüten in den Wäldern des hohen Nordens: Ihr Nest, ein tiefer Napf aus Moos,

FÜTTERUNG
Bergfinken haben kräftigere Schnäbel als Buchfinken und können im Gegensatz zu diesen auch größere Samen mühelos enthülsen. Man gibt ihnen am besten Sonnenblumenkerne, geschrotetes Getreide, gehackte Nüsse und getrocknete Beeren.

Gräsern, Spinnweben und Haaren, innen mit Flechten und Federn ausgekleidet, ist etwas größer und fester gebaut als ein Buchfinkennest; es wird meist in drei bis acht Metern Höhe in einer Birke oder einem Nadelbaum angelegt. Im Herbst kommen die Bergfinken auf ihrem Zug nach Süden durch Mitteleuropa; hier verweilen sie für kurz oder länger, um dann in südlicher Richtung weiterzuziehen. Bucheckern stellen im Winterhalbjahr eine wichtige Nahrungsquelle für die Bergfinken dar; dementsprechend fliegen die Schwärme zur Nahrungssuche in die Buchenwälder. In Jahren mit besonders reichem Bucheckervorkommen treten diese nordischen Finken mitunter in Millionenstärke auf – zu den Bergfinken aus Skandinavien gesellen sich dann Schwärme aus sibirischen Brutgebieten. Gelegentlich kommt es in solchen „Invasionsjahren" in der Nähe von Buchenwäldern zur Behinderung im Straßenverkehr, denn die aus menschenleeren Gegenden stammenden Vögel sitzen dann zu Tausenden auf den Fahrbahnen. Viele von ihnen werden überfahren oder sterben an aufgepickten Streusalz-Körnern.

Um bei hoher Schneelage an die begehrten Bucheckern zu gelangen, bedienen sich die Bergfinken einer Methode, die erst vor kurzem aufgeklärt werden konnte: Sie flattern mit halbgeöffneten Flügeln auf dem lockeren Schnee, als wollten sie baden, und legen so den Waldboden stückchenweise frei; als Beweis ihrer Wühltätigkeiten bleiben im Schnee trichterförmige Vertiefungen zurück. In der Regel erscheinen Bergfinken erst im Frühjahr in größerer Zahl an den Futterhäusern, denn dann sind die meisten von ihnen bereits auf dem Heimzug in ihre Brutgebiete. Wenn zu dieser Zeit noch einmal Neuschnee fällt, kann man ihnen mit entsprechenden Futtergaben helfen. Die Verteilung der überwinternden Bergfinken weist von Jahr zu Jahr deutliche Unterschiede auf. Ein Teil der finnischen Brutvögel zieht regelmäßig nach Südeuropa, während die in Mitteleuropa einfliegenden Artgenossen überwiegend nördlich der Alpen überwintern. Sie halten sich vor allem in Gebieten mit einem guten Bucheckerangebot auf.

Weibchen sind weniger kontrastreich.

Fütterung rund ums Haus

Grünfink
Carduelis chloris — Familie Finken

AUSSEHEN Gedrungener, gelbgrüner Fink von Sperlingsgröße, mit kräftigem Körnerfresserschnabel; die auffälligen, gelben Flügelspiegel sind vor allem im Flug sichtbar. Das Weibchen ist überwiegend graugrün gefärbt, die gelbe Flügelzeichnung ist deutlich blasser und weniger ausgedehnt.

STIMME Beim Abflug rufen Grünfinken oft klingelnd „gügügü", bei Beunruhigung warnen sie mit nasalen „diu"- oder gedehnten „dschwuit"-Rufen, bei Auseinandersetzungen schimpfen sie häufig schnarrend „tsrr". Bereits ab Februar fangen die Grünfinken an zu singen: Kanarienartig klingelnde und trillernde Touren von unterschiedlichem Tempo, dazwischen melodische Pfeif- und gedehnte „dejäieh"-Laute („Schwunschen"). Grünfinken singen oft im Singflug mit stark verlangsamten Flügelschlägen und hin und her taumelnd wie eine Fledermaus.

VORKOMMEN Meist häufig in abwechslungsreicher Kulturlandschaft mit Hecken, Waldrändern und lichten Mischwäldern, in Dörfern, Parks und Gärten und sogar mitten in der Großstadt, wenn dort nur einige Bäume oder Büsche

FÜTTERUNG
Sonnenblumenkerne, Hanfsamen, geschrotetes Getreide, gehackte Nüsse, Fettfutter.

Weibchen sind deutlich schlichter gefärbt, ihre gelben Partien sind weniger leuchtend.

stehen. Außerhalb der Brutzeit oft in offener Landschaft anzutreffen.

VERHALTEN Grünfinken sind vielerorts neben der Amsel die häufigsten Futterhausgäste. Sie haben einen gesegneten Appetit, und wenige von ihnen können das für eine ganze Vogelschar bemessene Futter eines Häuschens in kurzer Zeit vertilgen. Sie sitzen dann behäbig mitten im Futter und fressen, bis sie gesättigt sind – ganz im Gegensatz zu den meisten anderen Gästen, die sich ein oder zwei Körnchen nehmen und damit erst einmal verschwinden. Auch die große Streitsucht der Grünfinken gegenüber den übrigen Futterhausgästen trägt dazu bei, dass diese Finken nicht überall gern gesehen sind; wenn der Grünfink beim Fressen von einem anderen Vogel gestört wird, nimmt er die typische Drohhaltung ein: Die Flügel sind erhoben und etwas geöffnet, der Schwanz ist leicht gespreizt und der Schnabel weit geöffnet. In dieser Haltung werden die gelben Abzeichen an Flügeln und Schwanz präsentiert, was vermutlich als optisches Signal die Drohwirkung verstärken soll. Gegen einen Artgenossen wird diese Drohhaltung nur eingesetzt, wenn dieser sehr nahe rückt; häufig fressen mehrere Grünfinken einträchtig nebeneinander. Die mitteleuropäischen Brutvögel sind Standvögel, zu ihnen gesellen sich Wintergäste aus dem Norden.

Fütterung rund ums Haus

Erlenzeisig
Carduelis spinus — Familie Finken

AUSSEHEN Deutlich kleiner als ein Haussperling. Gefieder grünlich gelb. Männchen sind leicht an der schwarzen Kopfplatte und dem kleinen schwarzen Kinnfleck zu erkennen, Weibchen sind eher graugrün und viel stärker gestrichelt. Im Flug sieht man oft die schwarzgelbe Flügelfärbung.

STIMME Um Erlenzeisige zu entdecken, muss man ihre Rufe kennen, denn sonst fallen diese kleinen Finken nur wenig auf, sie machen sich aber durch „tet" oder „tetetet"-Rufe bemerkbar. Im Flug hört man häufig wehmütige, auf der ersten Silbe betonte „tüli"- oder „diäh"-Rufe. Die Gesangsstrophen, die schon ab Ende Januar an sonnigen Tagen zu hören sind, klingen sehr fröhlich: Ein eiliges Zwitschern, mit Flugrufen und Imitationen anderer Vogelarten vermischt, am Ende mit einem gedehnten Quetschlaut. Der Erlenzeisig singt meist hoch auf den Bäumen, oft auch in fledermausartigem Singflug.

FÜTTERUNG
Zeisige ernähren sich natürlicherweise von Samen der Erle und Birke, aber auch von Distel-, Ampfer-, Löwenzahn- und Mädesüßsamen. Als Futter reicht man ihnen eine Mischung aus feinen Sämereien wie Mohn, Hirse, Hanf, Rübsen oder das käufliche Waldvogelfutter.

Der Bürzel des Männchens ist leuchtend gelb.

VORKOMMEN Erlenzeisige brüten in Fichten- und Mischwäldern, vor allem in Bergwäldern bis zur Baumgrenze, seltener an Dorfrändern. Als Durchzügler und Wintergäste treten sie häufig in Schwärmen im Tiefland auf und besuchen besonders im Spätwinter die Futterhäuser. Hier kann man sie auch nach Meisenmanier an hängenden Futtergeräten klettern sehen.

VERHALTEN Erlenzeisige bilden im Winter oft gemischte Schwärme mit Birkenzeisigen und Stieglitzen und suchen auf Birken und Erlen Nahrung. Mit ihren spitzen Schnäbeln klauben sie die Samen aus den Zapfen. Dabei „arbeiten" sie fast lautlos und erst beim Abfliegen hört man ihre typischen Flugrufe.

Die Weibchen sind viel schlichter gefärbt.

Fütterung rund ums Haus

Goldammer
Emberiza citrinella — Familie Ammernverwandte

AUSSEHEN Schlank und langschwänzig, etwas größer als der Haussperling; beim Männchen Kopf und Unterseite auffallend gelb, Weibchen und Jungvögel weniger gelb, stärker gestreift. Beim Auffliegen sind der zimtbraune Bürzel und die weißen Schwanzkanten oft deutlich zu sehen.

STIMME Typisch ist ein kurzes „zrik" oder „trs", beim Abflug hört man oft ein trillerndes „tirr". Der Gesang, eine kurze, melancholische Strophe wie „zizizizizii-düh" oder „wie wie wie hab ich Dich lieb", ist oft schon im Februar zu hören.

VORKOMMEN Häufig in offener Kulturlandschaft mit Hecken, Feldgehölzen, an Waldrändern und in Fichtenschonungen.

VERHALTEN Goldammern streifen im Winter in kleinen Trupps umher und kommen dann oft in Dörfer und an Stadtränder. Manchmal bilden sich jedoch größere Schwärme von mehreren 100 Vögeln, in denen oft auch verschiedene Finken und Feldlerchen mitfliegen. Ihre Nahrung suchen sie vor allem auf dem Boden; das Futter streut man für sie daher am besten an nässegeschützten Stellen am Boden aus.

FÜTTERUNG
Haferflocken, geschrotetes Getreide, Grassamen, Hirse und Mohn.

Elster
Pica pica — Familie Krähenverwandte

AUSSEHEN Gefieder schwarzweiß, sehr langer, stufiger Schwanz.

STIMME Rau und heiser schackernde Rufe, die wie „tscharrr-ackack-ack", schnell „kekekek" oder „jäckjäckjäck" klingen.

VORKOMMEN In tiefen Lagen; häufig in offener Kulturlandschaft mit Hecken, Gehölzen und Alleen; Kulturfolger, oft in Dörfern und Städten. Die Elster meidet geschlossenen Wald.

VERHALTEN Elstern sind sehr wachsam und scheu; mit ihren schackernden Rufen warnen sie häufig vor Katzen, Greifvögeln und anderen Fressfeinden. Zur Nahrungssuche fliegen Elstern meist auf Wiesen, wo sie Würmer, Schnecken sowie Insekten und Spinnen erbeuten. Sie besuchen Futterplätze nur dann, wenn sie dort ungestört sind. Auf dem Boden laufen sie in wackelndem Gang, anders als Eichelhäher, die sich meistens hüpfend fortbewegen. Elstern sind sehr gesellig und leben das ganze Jahr über paarweise oder in kleinen Trupps. Ihre großen, überdachten Reisignester bauen sie häufig in Gärten.

FÜTTERUNG
Elstern sind Allesfresser, die sich im Winter häufig von Aas und Abfällen (Küchenabfälle, gekochte Kartoffeln, Fleisch) ernähren. Am Futterplatz auch Weich- und Fettfutter, Getreide und Früchte.

Fütterung rund ums Haus

Eichelhäher
Garrulus glandarius — Familie Krähenverwandte

AUSSEHEN Überwiegend rötlich braun, fast krähengroß mit schwarzen Flügeln, blauschwarzen Flügeldecken und weißem Bürzel. Von nahem sieht man den schwarzen Bartstreif.
STIMME Ruft häufig lärmend und laut kreischend „rrhä rrhä" oder „schräih", mit diesen Warnlauten alarmieren Eichelhäher auch andere Tiere des Waldes; daneben hört man auch leise „gahi"-Rufe. Oft imitieren sie den „hiä"-Ruf des Bussards. Dabei können die Häher ihre Imitationen sogar gezielt einsetzen, indem sie beispielsweise beim Erscheinen eines Habichts oder Waldkauzes deren Rufe nachmachen und so andere Tiere vor der drohenden Gefahr warnen.

VORKOMMEN Häufig in allen Arten von Wäldern vom Tiefland bis in 1600 m Höhe in den Alpen. Der Eichelhäher ist auch in Parks und Gärten anzutreffen, besonders im Winterhalbjahr.
VERHALTEN An Futterstellen, die in der Nähe von Baumbeständen angelegt sind, erscheinen öfters auch Eichelhäher. Sie sind jedoch in der Regel nicht auf Futtergaben des Menschen angewiesen, denn sie leben im Winter hauptsächlich

FÜTTERUNG
Am besten mit Talg, größeren Samen, Getreide, Haferflocken, Nüssen und Beeren füttern.

Eichelhäher vergraben im Herbst viele Eicheln („Pflanzgärtner des Waldes").

von den Eicheln und Bucheckern, die sie im Herbst versteckt haben. In Jahren, in denen diese Früchte des Waldes rar sind, suchen sie dann nach neuen Nahrungsquellen. Ans Futterhaus kommen diese vorsichtigen Vögel meistens nur, wenn sie sich sicher fühlen. Bei ihrem Erscheinen räumen natürlich die anderen Vögel sofort das Feld. Der Eichelhäher verstaut eilig einige Futterbrocken im Kehlsack und fliegt damit wieder weg – plötzlich verschwundene Talgstücke oder Meisenringe gehen häufig auf das Konto des Eichelhähers. Mit gefülltem Kehlsack fliegt er an eine einsame Stelle des Waldes und versteckt seine „Beute": Zuerst hackt er mit dem Schnabel ein Loch in den Boden, dann lässt er einen Futterbrocken aus dem Kehlsack hineinfallen und bedeckt zum Schluss das Versteck mit Laub oder Moos. Für weitere Futterstückchen sucht er jeweils ein anderes Versteck. Mit etwas Glück kann man auch beobachten, wie der Eichelhäher größere Futterbrocken bearbeitet: Er nimmt sie nach Meisenmanier zwischen die Zehen und beißt kleine Stückchen davon ab. Der Eichelhäher wird auch „Pflanzgärtner des Waldes" genannt, denn er vergräbt im Herbst viele Eicheln und Bucheckern als Wintervorrat im Waldboden. In seinem dehnbaren Kehlsack kann er mehrere Eicheln auf einmal verstauen; eine weitere transportiert er im Schnabel.

Fütterung rund ums Haus

Saatkrähe
Corvus frugilegus — Familie Krähenverwandte

AUSSEHEN So groß wie eine Rabenkrähe, im Alter mit unbefiederter, weißlicher Schnabelwurzel. Das Gefieder zeigt einen deutlichen blauen Schimmer. Schon von weitem am eckig wirkenden Kopf mit steiler Stirn und am meist locker abstehenden Bauch- und Schenkelgefieder zu erkennen.
STIMME Die Stimmlage ist etwas tiefer als die der Rabenkrähe: „kroh", „krah" oder „korr", daneben auch „kja" und „krrr".
VORKOMMEN Saatkrähen sind bei uns seltene und bedrohte Vögel, die in offener Kulturlandschaft mit Gehölzen, an Waldrändern, in Dörfern und in Parks brüten. Ab Ende Oktober kommen zu uns alljährlich große Schwärme von Saatkrähen aus den nordöstlichen Brutgebieten.
VERHALTEN Saatkrähen suchen auf Feldern, in Parks und Anlagen nach Nahrung und besuchen nicht selten auch Fütterungen am Boden. Abends fliegen sie in oft großen Schwärmen zu traditionellen Schlafplätzen auf hohen Bäumen. Dort brüten sie auch kolonieweise und veranstalten bereits Ende Februar akrobatische Flugspiele über den Baumkronen – vor allem bei Wind.

> **FÜTTERUNG**
> Küchenabfälle, gekochte Kartoffeln, Getreide und Haferflocken füttern.

Saatkrähen erkennt man an ihrem Blauschimmer und der weißlichen Schnabelbasis.

Fütterung rund ums Haus

Rabenkrähe
Corvus corone — Familie Krähenverwandte

AUSSEHEN Groß und schwarz, mit kräftigem Schnabel; das Gefieder glänzt im Gegensatz zu dem der Saatkrähe nur schwach.

STIMME Häufig hört man „kräh", „wärr" oder „krah"-Rufe, die meist mehrfach wiederholt werden.

VORKOMMEN Ein weit verbreiteter und häufiger Vogel in offenem Kulturland, in Moor- und Heidegebieten, in Dörfern und Städten; zur Nahrungssuche oft in Parks und Gärten, auf Abfallplätzen, Feldern, Wiesen und am Wasser. Die nah verwandte Nebelkrähe *(Corvus cornix)* ersetzt die Rabenkrähe östlich der Elbe und in Nordeuropa.

VERHALTEN Rabenkrähen treten meist paarweise auf oder in kleinen oder größeren Trupps, aber nie in so riesigen Wanderscharen wie Saatkrähen. Sie übernachten ebenfalls häufig an gemeinschaftlichen Schlafplätzen. Sie sind scheu und sehr vorsichtig und besuchen Futterplätze nur, wenn sie dort ungestört sind. Wie andere Krähenvögel gelten sie als sehr schlau.

FÜTTERUNG
Rabenkrähen ernähren sich im Winterhalbjahr überwiegend von Abfall und Aas. Sie sind sehr findig, beispielsweise suchen sie gerne auf Schulhöfen nach der Pause die Reste der Mahlzeiten zusammen.

Dohle
Coloeus monedula — Familie Krähenverwandte

AUSSEHEN Kleiner, schwarzer Rabenvogel mit hellen Augen; Hinterkopf und Nacken grau, Schnabel relativ kurz.
STIMME Typisch ist ein kurzes, aber lautes „kjak" oder „kja", das oft auch gereiht wird, daneben hört man schnarrende „kjerr"-Rufe, bei Gefahr ein hohes „jüb".
VORKOMMEN Lebt in Gehölzen und Parks mit alten Bäumen, auf Kirchtürmen, Ruinen, Burgen, in Steinbrüchen und Felswänden.
VERHALTEN In den Saatkrähenscharen, die sich im Winter bei uns aufhalten, fliegen meistens Dohlen mit (sie erkennt man an ihren hellen Rufen und schnelleren Flügelschlägen). Auf Feldern und Abfallplätzen gehen sie zusammen mit den Saatkrähen der Nahrungssuche nach. An den traditionellen Übernachtungsplätzen treffen sich jeden Abend große Dohlenscharen, dabei vollführen die Vögel oft akrobatische Flugspiele. Auch an Futterplätzen trifft man sie gelegentlich an. Die Paarbindungen halten in der Regel bis zum Tod eines der Partner.

FÜTTERUNG
Dohlen ernähren sich von Früchten, Körnern, Schnecken, Insekten, Mäusen und Abfällen. Getreide, Haferflocken und gekochte Kartoffeln eignen sich gut zum Anlocken der Vögel.

Fütterung rund ums Haus

Buntspecht
Dendrocopos major — Familie Spechte

AUSSEHEN Wenig kleiner als eine Amsel. Gefieder kontrastreich schwarz-weiß; die großen und ovalen weißen Flecken auf dem schwarzen Rücken und die roten Unterschwanzdecken sind recht auffällig. Männchen mit intensiv rotem Nackenfleck.
STIMME Der Ruf klingt hart und metallisch wie „kick" oder „kickikick". Im Frühjahr jagen sich die Spechte häufig unter lauten, heiseren „rhärhärhä"-Rufen um die Baumstämme. Ihren Revieranspruch demonstrieren sie schon ab Februar mit häufigen Trommelwirbeln (Dauer je eine halbe Sekunde). Als Resonanzkörper wählen sie meistens hohle Äste, aber auch Masten, Antennen und Dachrinnen.

VORKOMMEN Weitaus der häufigste Specht bei uns; bewohnt alle Arten von Wald, besonders mit Eichen und Hainbuchen, daneben

FÜTTERUNG
Da der Buntspecht seine Nahrung vor allem an der Baumrinde kletternd sucht, sollte man Futtergaben für ihn zunächst einmal am Baumstamm befestigen, damit er sie überhaupt findet. Wenn der Specht daran gewöhnt ist, nimmt er auch freischwebende Futtergeräte an, beispielsweise Säckchen mit Nüssen oder Dosen mit Fettfuttergemisch und Nüssen.

Buntspechte besuchen gerne freihängende Futterstellen mit Fettfutter und Nüssen.

Feldgehölze, Parks und Gärten mit Baumbestand, gebietsweise auch mitten in der Großstadt.

VERHALTEN Der Buntspecht ist, wie alle Spechte, auf das Klettern an Baumstämmen und Ästen spezialisiert; auch seine Hauptnahrung, im Holz lebende Insektenlarven, erbeutet er auf diese Weise. Zuerst hackt er mit seitlich geführten Schlägen die Baumrinde weg, dann meißelt er bis zu zehn Zentimeter tiefe Löcher in das Holz, um die Larven freizulegen. Im Winter verzehren Buntspechte häufig die in den Nadelbaumzapfen enthaltenen Samen. Dazu hacken sie den Zapfen los und transportieren ihn im Schnabel zu einer Astgabel oder Rindenspalte, in der sie ihn festklemmen können. Wenn diese Nische nicht groß genug ist, wird sie mit gezielten Schnabelhieben so lange erweitert, bis der Zapfen optimal passt. Befindet sich in der „Spechtschmiede" noch ein alter, bereits ausgeklaubter Zapfen, so muss dieser zuerst entfernt werden; dazu nimmt er den frischen Zapfen zwischen Bauchgefieder und Unterlage und hat so den Schnabel für die „Säuberung" der Nische frei. Mit gefundenen Hasel- und Walnüssen verfährt der Buntspecht in gleicher Weise. Davon zeugen die vielen leeren Schalen von Nüssen, aber auch von Bucheckern, die man, wenn man die Augen offen hält, unter der Spechtschmiede finden kann.

Fütterung rund ums Haus

Grauspecht
Picus canus — Familie Spechte

AUSSEHEN Deutlich größer als der Buntspecht, mit langem Spechtschnabel und schmalem, schwarzem Bartstreif; Rücken und Schwanz olivgrün, Kopf und Hals grau, Unterseite hell graugrün; Männchen mit rotem Stirnfleck.

STIMME Schon im zeitigen Frühjahr hört man die leicht nachzupfeifenden Rufreihen des Grauspechtes: Ein etwas ängstlich klingendes, abfallendes „gügügü-gü gü gü gü". Die Rufreihen der Weibchen sind deutlich kürzer und heiserer. Die Trommelwirbel dauern etwa zwei Sekunden.

VORKOMMEN In lichten Laub- und Mischwäldern, in Feldgehölzen, Parks, Friedhöfen und in Gärten mit altem, lückigem Laubbaumbestand.

VERHALTEN Grauspechte halten sich zur Nahrungssuche häufig auf dem Boden auf (Erdspecht); dort suchen sie nach Ameisen und deren Puppen, ihrer Hauptnahrung. Im Winter stochern sie auch Insekten hinter der Baumrinde heraus, dazu fliegen sie oft vom Buchenwald in nahegelegene Auwälder.

FÜTTERUNG
Im Winter kommen sie gerne an Futterplätze. Zum Anlocken befestigt man am besten Talgstückchen oder Futterdosen mit Fettfutter an Baumstämmen, denn dort finden sie sie am schnellsten.

Türkentaube
Streptopelia decaocto — Familie Tauben

AUSSEHEN Kleine, schlanke, recht langschwänzige Taube mit schwarzem Nackenring, der Jungvögeln fehlt. Gefieder sandfarben, auf dem Rücken mehr bräunlich. Äußere Steuerfedern mit weißen Spitzen, was im Flug bei gespreizten Schwanzfedern auffällt.

STIMME Der Revierruf (Gesang) ist ein dreisilbiges, monotones „gu guh gu"; von fliegenden Türkentauben hört man häufig – besonders kurz vor der Landung – ein nasales „chwäh" (Girren).

VORKOMMEN Türkentauben haben Mitteleuropa erst im letzten Jahrhundert erobert, heute leben sie als Kulturfolger in der Nähe menschlicher Siedlungen, die das ganze Jahr über Nahrung bieten.

VERHALTEN Im Winter streifen Türkentauben in kleinen Trupps in Parks und Anlagen umher, besuchen aber auch Futterstellen für Kleinvögel. Sie sind am Futterplatz sehr verträglich und fressen oft gedrängt nebeneinander. Bereits im zeitigen Frühjahr vollführen sie ihre Balzflüge: Nach einem steilen Aufwärtsflug segelt der Tauber mit nach unten gebogenen Flügeln unter lautem Girren herab.

FÜTTERUNG
Wie alle Tauben sind Türkentauben Vegetarier: Man füttert – in Maßen – geschrotetes Getreide, Haferflocken und kleine Samen.

Fütterung rund ums Haus

Straßentaube
Columba livia f. domestica — Familie Tauben

AUSSEHEN Gefieder sehr variabel gefärbt von blaugrau über rostbraun und schwarz bis fast ganz weiß; meistens haben Straßentauben einen weißen oder hellgrauen Hinterrücken.

STIMME Das allbekannte Gurren der Tauben („ruke-di-guh") ist ein Bestandteil der Balz und somit ein echter Gesang; fast das ganze Jahr über kann man die Straßentauben gurren hören.

VORKOMMEN Ein sehr häufiger Kulturfolger in Dörfern und Städten; besonders in Großstädten. Aufgrund der zunehmenden Bedrohung alter Bauten durch Taubenkot wurde in einigen Städten bereits ein Fütterungsverbot erlassen. Da sie auch Parasiten und Krankheitskeime wie Salmonellen übertragen können, werden sie manchmal auch als „fliegende Ratten" bezeichnet.

VERHALTEN Straßentauben sind sehr gesellig und treten meistens in Schwärmen auf. Als ursprüngliche Felsbewohner fliegen sie auch zu Fütterungen in den Häuserschluchten der Großstädte; häufig versuchen sie, an hochgelegene Balkonfutterhäuser zu gelangen, was jedoch nur selten erwünscht ist.

> **FÜTTERUNG**
> Tauben nehmen gerne Getreide, Haferflocken, Mais und natürlich käufliches Taubenfutter.

Ringeltaube
Columba palumbus — Familie Tauben

AUSSEHEN Größer und langschwänziger als die Straßentaube, Vorderhals und Brust rötlich. Im Flug fallen neben den leuchtend weißen Abzeichen an Flügeln und Hals der rundliche Bauch und das hell pfeifende Flügelgeräusch auf; beim Abflug und während des Balzfluges lautes Flügelklatschen.
STIMME Der Reviergesang ist ein dumpf gurrendes, weit hörbares „gu-guh-gu-guru".
VORKOMMEN Lebensraum der Ringeltaube sind aufgelockerte Waldgebiete und Feldgehölze, die von Wiesen und Feldern umgeben sind. Vor allem in Norddeutschland findet man sie zunehmend auch in Siedlungen, städtischen Parks und Anlagen mit gutem Futterangebot.

VERHALTEN Außerhalb der Brutzeit oft in großen Schwärmen auf Feldern. Die meisten Ringeltauben aus Mittel-, Ost- und Nordeuropa ziehen jedoch im Herbst nach Südwesten, um in Spanien und auf der Iberischen Halbinsel zu überwintern. Ringeltauben überwintern immer häufiger im Flachland und erscheinen daher auch an den Fütterungen, wo sie zusammen mit Straßen- und Türkentauben nach Nahrung suchen.

FÜTTERUNG
Ringeltauben nehmen gerne Getreide, Haferflocken, Mais, Eicheln, Bucheckern und auch altes Brot.

Seltene Gäste am Futterhaus

Seltene Gäste am Futterhaus

Feldlerche
Alauda arvensis — Familie Lerchen

AUSSEHEN Größer als ein Haussperling, Gefieder hell erdfarben, ober- und unterseits streifig; die Oberkopffedern können zu einer kleinen Haube aufgerichtet werden. Im Flug fallen oft die weißen Schwanzaußenkanten auf.
STIMME Ruft im Flug häufig ein hart klingendes „tschrl" oder „tirr". Der Gesang ist oft schon im Februar zu hören: anhaltend trillernd und wirbelnd und mit Imitationen anderer Vögel, häufig von Watvögeln.
VORKOMMEN Früher bei uns häufig in offener Kulturlandschaft, aber auch auf Feuchtwiesen, Mooren und Marschen.
VERHALTEN Die Feldlerche ist vor allem wegen ihres Singfluges populär: Bis zu einer Viertelstunde kann der Vogel in größerer Höhe mit flachem Flügelschlag rütteln und dabei ununterbrochen singen. Feldlerchen überwintern regelmäßig in milden Gegenden Mitteleuropas; die im Spätherbst weggezogenen Vögel kehren bereits im Februar zurück. Bei späten Wintereinbrüchen besuchen die Lerchen gerne Futterstellen am Boden.
Die Winterquartiere der ziehenden Feldlerchen-Populationen liegen vor allem in Süd- und Westeuropa mit meist milder Winterwitterung.

FÜTTERUNG
Haferflocken, kleine Sämereien und Getreide.

Haubenlerche
Galerida cristata — Familie Lerchen

AUSSEHEN Etwas kleiner als die Feldlerche, gedrungener und kurzschwänziger, weniger stark gestrichelt; auffallend lange und spitze Federhaube.

STIMME Ruft melodisch „di-dji-dri" oder „dü-dü-dür-dli"; der Gesang klingt zwitschernd und flötend und enthält viele Imitationen anderer Vogelarten, manchmal sogar menschliche Pfiffe.

VORKOMMEN Haubenlerchen leben in trockenem Öd- und Brachland, in Steppen und Halbwüsten; als Kulturfolger besiedeln sie auch wenig bewachsene Fabrik- und Sportanlagen und Bahndämme. Sie brüten sogar mitten in Großstädten auf kiesbeschichteten Flachdächern. Inzwischen sind sie sehr selten.

VERHALTEN Im Gegensatz zu Feldlerchen bleiben Haubenlerchen das ganze Jahr über im Brutgebiet. In manchen Städten kann man sie im Winter auf den Gehwegen laufen sehen. Sie nehmen Futterstellen am Boden gerne an, besonders wenn im März nochmals Schnee fällt und natürliche Nahrungsquellen schwer erreichbar sind.
Haubenlerchen trifft man nie in so großen Schwärmen an wie Feldlerchen, sie treten meist einzeln oder im Familienverband auf.

> **FÜTTERUNG**
> Haferflocken, kleine Sämereien, getrocknete Beeren.

Seltene Gäste am Futterhaus

Zaunkönig
Troglodytes troglodytes — Familie Zaunkönige

AUSSEHEN Ein winziger, rundlicher Vogel mit fast ständig steil aufgerichtetem Schwanz und kurzem Hals. Gefieder oberseits rotbraun mit undeutlichem, gelbbraunem Überaugenstreif, Unterseite gelbbraun mit verwaschener Bänderung. Schnabel lang, spitz, etwas abwärts gebogen.

STIMME Ruft bei einer Störung laut und hart „tek tek tek…", „tetetet…" oder „zerrr…". Seinen Gesang, laute Strophen aus schmetternden und trillernden Teilen, hört man oft sogar an sonnigen Tagen im Winter.

VORKOMMEN Häufig in unterholzreichen Wäldern, Gebüsch und Gestrüpp, auch in Parks und naturnahen Gärten mit Reisighaufen; oft in Gewässernähe.

VERHALTEN Huscht wie eine Maus im bodennahen Gestrüpp umher; fliegt schwirrend und geradlinig knapp über dem Boden. Besonders im Winter hält er sich oft in Häusernähe auf und übernachtet sogar in alten Schuppen. Meistens leben Zaunkönige den Winter über einzeln, doch man hat auch Schlafplätze mit 10–20 gemeinsam übernachtenden Zaunkönigen gefunden. Auf Futtergaben sind sie meist nicht angewiesen, kommen jedoch manchmal zu Futterstellen.

FÜTTERUNG
Weich- und Fettfutter, Mehlwürmer; möglichst in Bodennähe.

Weidenmeise
Parus montanus — Familie Meisen

AUSSEHEN Der etwa gleich großen Sumpfmeise sehr ähnlich, aber die Kopfplatte ist mattschwarz und reicht etwas weiter in den Nacken, was ein dickköpfigeres Aussehen bewirkt. Die dunkleren Flanken und das helle Flügelfeld sind nur aus der Nähe erkennbar.

STIMME Die häufig zu hörenden Rufe sind gedehnt und nasal und klingen wie „däh-däh-däh" oder „zi-zi-däh-däh-däh". Den Gesang der Männchen „zjü-zjü-zjü…" hört man ab Februar.

VORKOMMEN Wie die Sumpfmeise am häufigsten in Auwäldern; sie ist jedoch auf morsches Holz angewiesen, da sie sich ihre Höhle selbst zimmert; auch im Nadelwald des Tieflands und der Bergregion.

VERHALTEN Sie meidet eher die Nähe des Menschen und kommt selten in Gärten. Zu Fütterungen erscheint sie nur, wenn diese am Rand von größeren Waldgebieten oder Flussauen liegen. Die Meisen sammeln im Spätsommer und Herbst Samen und Insekten, die sie im Gezweig und in rissiger Baumrinde als Wintervorrat verstecken. Diese Stellen besuchen sie oft im Winter, auch im gemischten Meisentrupp.

FÜTTERUNG
Gerne Hanfsamen, Sonnenblumenkerne, Erdnüsse. Nimmt auch Nadelbaumsamen.

Seltene Gäste am Futterhaus

Schwanzmeise
Aegithalos caudatus — Familie Schwanzmeisen

AUSSEHEN Ein winziger Vogel mit sehr langem, stufigem Schwanz. Schwanzmeisen der mitteleuropäischen Unterart mit breitem, schwärzlichem Überaugenstreif, die der nördlichen und östlichen Unterarten mit reinweißem Kopf.

STIMME Schwanzmeisen halten ständig untereinander Rufkontakt mit durchdringenden, hohen „sisi"-, „sitsrr"- oder etwas schnarrenden „tsrr"-Rufen, bei Erregung zetern sie „tserr".

VORKOMMEN Mäßig häufig in unterholzreichen Laub- und Mischwäldern, Feldgehölzen und Parks mit Baumbestand. Im Winter gelegentlich auch in Gärten.

VERHALTEN Schwanzmeisen sind sehr gesellig und streifen außerhalb der Brutzeit in kleinen, eng zusammenlebenden Trupps umher. Im Winterhalbjahr halten sich die Trupps in den Grenzen fester Reviere auf, in denen sie ihre Nahrung suchen. Durch ihre hohen, durchdringenden Rufe aufmerksam geworden, sieht man sie in den unbelaubten Bäumen und im Gebüsch rastlos umherturnen. Wenn sie eine Lichtung überfliegen, fällt ihr „hüpfender" Flug auf. Sie übernachten aneinandergeschmiegt.

FÜTTERUNG
Zum Anlocken Weichfutter oder eine Fettfuttermischung an Baumrinde und Zweige streichen.

Wintergoldhähnchen
Regulus regulus — Familie Goldhähnchen

AUSSEHEN Winziger Vogel, deutlich kleiner als eine Blaumeise. Oberseite olivgrün, Unterseite grauweiß; gelber Scheitelstreif, beim Männchen mit orangefarbenen Federn in der Mitte; zwei weiße Flügelbinden. Kein Augen- oder Überaugenstreif.

STIMME Ruft häufig sehr hoch und fein, aber durchdringend „sri-sri-sri-sri". Der Gesang ist sehr hoch, dünn und wispernd, er schwingt auf und ab und endet mit einem betonten Schlussteil.

VORKOMMEN Häufig im Nadelwald, auch in Parks und Gärten mit älterem, nicht zu dicht stehendem Nadelbaumbestand. Teilzieher.

VERHALTEN Bei der Nahrungssuche turnen die Goldhähnchen rastlos im Gezweige herum und suchen nach kleinen Insekten, deren Entwicklungsstadien und Spinnen. Im Winterhalbjahr streifen sie oft zusammen mit Meisen umher und kommen dann gelegentlich an Futterhäuser, die in Nadelwaldnähe liegen.
Zur Zugzeit sieht man Wintergoldhähnchen auch in Laub- und Mischwäldern und mitunter sogar in Heckenlandschaften.

FÜTTERUNG
Goldhähnchen füttert man am besten mit einer Fettfuttermischung bester Qualität oder mit Weichfutter für zarte Insektenfresser.

Seltene Gäste am Futterhaus

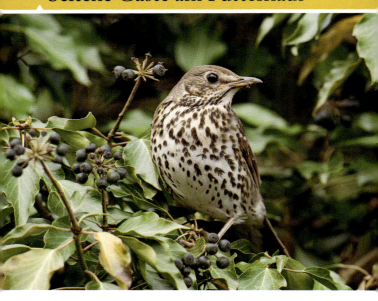

Singdrossel
Turdus philomelos — Familie Drosseln

AUSSEHEN Kleiner als eine Amsel, auffallend große Augen; Gefieder auf der Oberseite braun, auf der Unterseite weißlich mit dichter, dunkelbrauner Fleckung; beim Abfliegen sieht man oft die gelblichen Unterflügeldecken.

STIMME Im Flug und häufig auch beim Abfliegen hört man ein hohes und scharfes „zipp", bei Erregung zetern Singdrosseln amselartig, aber weniger durchdringend „dickdickdick". Schon Anfang März kann man den abwechslungsreichen Gesang hören: Strophen mit klangvoll flötenden und zwitschernden Motiven, jeweils zwei- bis dreimal wiederholt, z. B. „judiet-judiet-judiet".

VORKOMMEN Die Singdrossel bewohnt lichten Laub- und Nadelwald, Feldgehölze, Parks und Gärten mit Baumbestand.

VERHALTEN Singdrosseln sind Zugvögel, die bereits im Februar wieder bei uns erscheinen; bei späten Wintereinbrüchen kann man sie manchmal an Futterplätzen beobachten. Singdrosseln sind bekannt für ihre „Drosselschmieden". Sie schlagen hartschalige Schnecken auf einem Stein auf, um an den Inhalt zu gelangen, und hinterlassen dabei Stellen mit einer Vielzahl zerbrochener Schneckenhäuser.

> **FÜTTERUNG**
> Haferflocken, getrocknete Beeren, Obst, Rosinen, Weichfutter.

Rotdrossel
Turdus iliacus — Familie Drosseln

AUSSEHEN Deutlich kleiner als eine Amsel; von der Singdrossel durch die rotbraunen Flanken und den weißlichen Überaugenstreif leicht zu unterscheiden. Im Flug sieht man oft die rotbraunen Unterflügel.

STIMME Der typische Ruf, meistens im Flug zu hören, ist ein gedehntes, hohes, etwas rau klingendes „zjieh". Von den durchziehenden Trupps, die im Frühjahr bei uns rasten, hört man oft gepresst zwitschernde und schnarrende Gesangsteile.

VORKOMMEN Rotdrosseln brüten in den lichten nordischen Wäldern bis zum Rand der Tundra. Von Oktober bis April kann man bei uns durchziehende und (seltener) überwinternde Trupps beobachten, vor allem auf Wiesen und auf beerentragenden Sträuchern.

VERHALTEN Rotdrosseln fliegen oft in den Schwärmen von Wacholderdrosseln mit und kommen dann gelegentlich an die Futterhäuser. Wie alle Drosseln besuchen sie am liebsten Bodenfütterungen. Die Überwinterungsgebiete liegen vor allem in West- und Südeuropa. Ausnahmsweise hat die Rotdrossel auch schon in Deutschland gebrütet – bevorzugt in nordisch anmutenden Landschaften.

FÜTTERUNG
Getrocknete Beeren, Rosinen, Obst, Weichfutter, Haferflocken.

Seltene Gäste am Futterhaus

Seidenschwanz
Bombycilla garrulus — Familie Seidenschwänze

AUSSEHEN Gedrungen und kurzschwänzig, knapp starengroß, mit aufstellbarer Federhaube. Gefieder sehr farbenfroh und glänzend. Im Flug ist er leicht mit dem Star zu verwechseln.

STIMME Von den umherstreifenden Trupps hört man fast ständig hohe, klingelnde „srii"-Rufe.

VORKOMMEN Seidenschwänze sind Brutvögel des hohen Nordens, die zwischen Oktober und Anfang Mai nahezu alljährlich bei uns beobachtet werden. Ihre Anzahl schwankt sehr stark von Jahr zu Jahr und erreicht in manchen Jahren eine beträchtliche Größe.

VERHALTEN Seidenschwänze treten meist in Trupps auf und suchen auf Bäumen und Sträuchern nach Beeren und Früchten. Die wenig scheuen Vögel kommen dann auch in Parks und Gärten. Wenn die Beerennahrung knapp ist, kommen sie gelegentlich an Futterstellen. An ihren Brutplätzen erscheinen Seidenschwänze bereits ab März, wenn noch Kälte vorherrscht und der Schnee oft noch hoch liegt.

FÜTTERUNG
Da sich Seidenschwänze im Winterhalbjahr fast ausschließlich von Beeren und Früchten ernähren, füttert man sie an der Futterstelle mit getrockneten Beeren, z. B. von Eberesche und Schneeball, sowie mit frischen Äpfeln.

Stieglitz
Carduelis carduelis — Familie Finken

AUSSEHEN Kleiner als ein Haussperling, mit markantem buntem Gefieder; der breite, gelbe Flügelstreif fällt besonders im Flug auf.

STIMME Sehr häufig rufen Stieglitze hoch klingelnd und schnell „didlit" oder „zidit", bei Gefahr warnen sie mit nasal gezogenen „wäii" und bei Auseinandersetzungen mit Artgenossen schimpfen sie schnarrend „tschrrr". Der Gesang besteht aus eilig vorgetragenen, zwitschernden und trillernden Strophen, die auch nasale Laute aufweisen und meist von den typischen „didlit"-Rufen eingeleitet werden.

VORKOMMEN Im Winterhalbjahr trifft man Stieglitze vor allem auf distelreichen Wiesen, an unkrautbewachsenen Weg- und Straßenrändern und auf Birken, Erlen und Kiefern an, denn sie ernähren sich hauptsächlich von Samen.

VERHALTEN Stieglitze sind sehr gesellig und streifen außerhalb der Brutzeit in kleinen Trupps umher. Sie kommen zunehmend an Futterplätze in Gärten und Parks. Nahrung suchende Stieglitze klettern oft meisenartig gewandt an Zweigen, nicht selten hängen sie sich kopfüber an Zapfen von Birken oder Erlen, um die Samen herauszuklauben.

> **FÜTTERUNG**
> Feine Sämereien wie Nigersaat, Distel- und Salatsamen, auch Waldvogelfutter.

Seltene Gäste am Futterhaus

Bluthänfling
Carduelis cannabina — Familie Finken

AUSSEHEN Etwas kleiner als der Haussperling; Männchen im Prachtkleid mit roter Stirn und roter Brust, im Winter mit nur rötlich überhauchter Brust.

STIMME Typische Flugrufe: nasal stotternde „gegegegeg"-Reihen. Der Gesang ist bereits ab März zu hören, er beginnt mit einer sich beschleunigenden Serie von Flugrufen, die in hastig vorgetragene Pfeiftöne, Triller und geräuschhafte Laute übergehen.

VORKOMMEN Offene Kulturlandschaften mit Hecken, Gehölzen und Wacholderheiden, häufig auch auf Friedhöfen und in Gärten.

VERHALTEN Im Winterhalbjahr streifen Hänflinge auf der Suche nach Samen in Schwärmen auf wildkräuterreichen Ödlandflächen umher. Da diese zunehmend seltener werden, finden sie in der Natur immer weniger Nahrung und sind daher vielerorts auf menschliche Futtergaben angewiesen. Gelegentlich erscheinen sie an Bodenfütterungen, besonders wenn diese an Siedlungsrändern liegen.
Ein Teil der Hänflinge Mitteleuropas zieht im Oktober nach Südwest- und Südeuropa, die meisten kehren im März an ihre Brutplätze zurück.

FÜTTERUNG
Waldvogelfutter, Rübsen, Leinsamen, Nigersaat und Erdnussstückchen.

Birkenzeisig
Carduelis flammea — Familie Finken

AUSSEHEN Deutlich kleiner und schlanker als ein Haussperling; mit spitzem, hornfarbenem Schnabel. Gefieder oberseits bräunlich und dunkel gestreift. Vorderscheitel tiefrot. Im Flug sieht man oft die beiden schmalen Flügelbinden.

STIMME Flugruf ist ein schnelles, weit hörbares „dschädschädschä". Der Gesang klingt rau zwitschernd und enthält schwirrende Laute, klangvolle Pfeiftöne und und eingeflochtene Flugrufe.

VORKOMMEN Birkenzeisige brüten vorwiegend in hochgelegenen Nadelwäldern der Alpen; im Winter streifen sie in Trupps im Flachland umher und kommen dann auch in Gärten und Parks. Nordeuropäische „Taigabirkenzeisige" *(flammea)* erscheinen ebenfalls an mitteleuropäischen Fütterungen. Sie sind größer, heller und eher grau als unsere „Alpenbirkenzeisige" *(cabaret)*.

VERHALTEN Die kleinen Birkenzeisige fallen meist erst durch ihre Flugrufe auf. Besonders gerne hangeln sie in Birken und Erlen, um die begehrten Baumsamen auszuklauben. Auf Futtergaben des Menschen sind sie weniger angewiesen, aber sie besuchen dennoch oft Futterstellen.

> **FÜTTERUNG**
> Waldvogelfutter, Fettfuttergemisch, Meisenknödel, Nigersaat, Hanf und Nüsse.

Seltene Gäste am Futterhaus

Mittelspecht
Dendrocopos medius — Familie Spechte

AUSSEHEN Etwas kleiner als der Buntspecht, mit hellroter Kopfplatte, bei Weibchen kleiner, nur kurzem Wangenstreif und rosa gefärbten Unterschwanzdecken.
STIMME Mittelspechte trommeln nur selten, dafür markieren sie ihr Revier schon im zeitigen Frühjahr mit ihrem auffällig klagend-quäkenden Reviergesang, „gähk-gähk-gähk…". Das ganze Jahr über sind die zeternden Rufe zu hören: „gegegegeg…".
VORKOMMEN Der Mittelspecht kommt nur im Tiefland vor; er bewohnt Laubwälder mit Beständen an alten Eichen und Hainbuchen, beispielsweise Auwälder und ruhige, größere Parks. Er ist viel seltener als der Buntspecht.

VERHALTEN Während sich der Buntspecht im Winter vor allem von tief im Holz lebenden Käferlarven ernährt, stochert der kleinere und schwächere Mittelspecht mehr in der Baumrinde nach überwinternden Kleintieren. Daher sieht man ihn nicht selten auch an dünneren Ästen bei der Nahrungssuche. Mittelspechte lassen sich an Fettfutter gewöhnen, wenn es nah am Baumstamm angebracht wird.

FÜTTERUNG
Sonnenblumenkerne, Fettfuttergemisch. Das Futter so befestigen, dass der Specht kletternd hingelangen kann.

Kleinspecht
Dryobates minor — Familie Spechte

AUSSEHEN Nur wenig größer als ein Sperling, kurzer, spitzer Schnabel, kaum mit anderen Spechtarten zu verwechseln. Männchen mit rotem Scheitelfleck, Weibchen ganz ohne Rot im Gefieder.

STIMME Auf den unauffälligen Kleinspecht wird man meistens erst durch seine hellen, an Turmfalken erinnernde „kikikiki…"-Folgen aufmerksam. Diese Gesangsstrophen hört man besonders oft im Frühjahr zur Balzzeit. Die schwachen Trommelwirbel des Kleinspechtes sind jeweils eine bis anderthalb Sekunden lang und klingen dabei etwas schnarrend.

VORKOMMEN In lichten Laub- und Mischwäldern, Auwäldern, Flussauen, Parks mit altem Laubbestand, vor allem mit Hainbuchen und Erlen, in Villengebieten, Obstgärten.

VERHALTEN In den Wintermonaten ernähren sich die Kleinspechte von Insekten und deren Entwicklungsstadien, die unter der Baumrinde überwintern. Der Kleinspecht erscheint mitunter an Futterstellen mit Fettfutter an Baumstämmen. In manchen Jahren wandern ost- und nordeuropäische Kleinspechte in großen Anzahlen ab und erscheinen dann manchmal invasionsartig im Norden Mitteleuropas.

FÜTTERUNG
Sonnenblumenkerne, Fettfuttergemisch und Nüsse.

Seltene Gäste am Futterhaus

Tannenhäher
Nucifraga caryocatactes — Familie Krähenverwandte

AUSSEHEN Deutlich kleiner als eine Krähe, mit kräftigem, langem, schwarzem Schnabel. Der kurze Schwanz und die weißen Unterschwanzdecken fallen vor allem im Flug auf.
STIMME Tannenhäher rufen häufig schnarrend und etwas nasal „grährr-grährr", daneben bringen sie auch dohlenartige Laute wie „jäk jäk" hervor.
VORKOMMEN Nadelwälder der Gebirge und Mittelgebirge; im Winter auch in Tälern und im Alpenvorland. In manchen Jahren gibt es große Einflüge von Tannenhähern der sibirischen Unterart nach Mitteleuropa.
VERHALTEN Tannenhäher ernähren sich vor allem von den Samen der Nadelbäume, besonders denen der Arve und der Bergkiefer, aber auch von Hasel- und Walnüssen. Die Vögel leben den Winter über von den Samen und Nüssen, die sie im Herbst versteckt haben. Die im Bergwald lebenden Tannenhäher fliegen im Herbst oft talwärts und erscheinen dann in Parks und Gärten an Fütterungen – oder um Haselnüsse zu sammeln. Diese (bis über 20 Stück auf einmal) transportieren sie dann in den Bergwald.

FÜTTERUNG
Hasel-, Erd- und Walnüsse, Bucheckern, Eicheln und auch getrocknete Beeren.

Sperlingskauz
Glaucidium passerinum — Familie Eulen

AUSSEHEN Kleinste Eule Europas; wirkt durch die flache Stirn und die gelben Augen leicht koboldartig. Der Flug ist tief bogenförmig und erinnert an Spechte.

STIMME Der Reviergesang im Frühjahr ist ein gimpelähnliches Pfeifen mit kürzeren, vibrierenden Zwischentönen: „pjü üüü…". Weibchen rufen dünn und hoch "tsiehh". Im Herbst äußern Männchen und Weibchen eine ansteigende Reihe von Pfeiftönen (Tonleiter).

VORKOMMEN Brütet in hochstämmigem Nadel- und Mischwald, meist in höheren Lagen, aber auch in Tieflandforsten; inzwischen fast in ganz Deutschland verbreitet.

VERHALTEN Vorwiegend dämmerungsaktiv, aber auch am Tage zu beobachten. Steht oft auf der Spitze einer Fichte und macht ruckartige Schwanzbewegungen. Sperlingskäuze besuchen mitunter Futterstellen und machen dort Jagd auf Kleinvögel. Allerdings kommt er nur an Fütterungen im Bergland, die an Siedlungsrändern nicht zu weit vom Wald entfernt liegen. Hat er dort oft Jagderfolg, dehnt er sein Revier dorthin aus, bis im Frühjahr die Mäusejagd wieder möglich wird.

> **FÜTTERUNG**
> Ernährt sich von Mäusen, die man anlocken kann, indem man auf sonnigen Flächen am oder im Wald Getreide ausstreut.

Vogelfütterung am Wasser

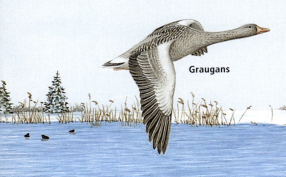

Vogelfütterung am Wasser

Stockente
Anas platyrhynchos — Familie Entenverwandte

AUSSEHEN Männchen ab November im Prachtkleid mit flaschengrünem Kopf, brauner Brust, perlgrauer Oberseite und gelbem Schnabel. Weibchen sind stets unscheinbar bräunlich gefleckt mit dunklem Schnabelfirst.
STIMME Männchen rufen oft „räb räb räb"; während der Balz (vom Spätherbst bis zum Frühjahr) ist häufig ein heller, dünner Pfiff (Grunzpfiff) zu hören. Von Weibchen hört man oft eine drei- bis zehnsilbige Rufreihe „wak wak wak …", die in Tonhöhe und Lautstärke langsam abfällt. Fliegend produzieren sie ein singend-pfeifendes Flügelgeräusch.
VORKOMMEN Unsere häufigste Entenart; an stehenden und langsam fließenden Gewässern aller Art, auch auf kleinen Gewässern mitten in der Großstadt.
VERHALTEN Im Winter halten sich auf den Parkseen sehr große Scharen von futterzahmen Stockenten auf. Dort kann man oft die gemeinschaftlichen Balzspiele der Erpel beobachten. Dabei versammeln sich mehrere Männchen um einige Weibchen. Dann reißen sie immer wieder ihre Körper ruckartig hoch und stoßen einen kurzen, hellen Pfiff aus.

FÜTTERUNG
Stockenten füttert man mit Brot, Haferflocken und Getreide. Nur bei strengem Frost füttern.

Das Männchen ist kontrastreich mit flaschengrünem Kopf, gelbem Schnabel und viel Hellgrau.

Vogelfütterung am Wasser

Tafelente
Aythya ferina — Familie Entenverwandte

AUSSEHEN Kleine, gedrungene und kräftige Tauchente mit langem, hohem Kopf und flacher Stirn; Männchen mit kastanienbraunem Kopf, Rücken und Flanken silbergrau meliert. Das Weibchen ist bräunlich gefärbt, im Gegensatz zum Reiherentenweibchen ohne den angedeuteten Schopf und mit dunklen Augen.

STIMME Der Ruf des Weibchens, „charr charr", klingt schnarrender als der der Reiherente.

VORKOMMEN Auf unseren Seen, Stauseen und langsam fließenden Flüssen überwintern oft große Scharen von Tafelenten, ihre Anzahl ist jedoch meist geringer als die der Reiherenten. Mitunter kann man sie auch in der Großstadt antreffen.

VERHALTEN Tafelenten sind das ganze Jahr über sehr gesellig. Sie suchen wie die anderen Tauchenten ihre Nahrung vor allem unter Wasser tauchend; dabei holen sie Wasserpflanzen, Muscheln und Insektenlarven herauf. Auch diese Entenart lebt im Winter oft futterzahm zusammen mit anderen Enten auf den Parkgewässern. Einzelne Tafelenten-Populationen zeigen unterschiedliche Zugeigenschaften, die meisten sind Kurzstreckenzieher oder Winterflüchter.

FÜTTERUNG
Altes Brot, geschrotetes Getreide und Haferflocken.

Reiherente
Aythya fuligula — Familie Entenverwandte

AUSSEHEN Kleine und gedrungene Tauchente mit schwefelgelben Augen. Männchen mit kontrastreich schwarzweißem Gefieder und lang herabhängendem Federschopf; Gefieder des Weibchens schlicht dunkelbraun, mit nur angedeutetem Schopf, an der Schnabelbasis häufig weißliche Abzeichen. Das breite, weiße Flügelband kann man oft im Flug sehen.
STIMME Weibchen rufen im Flug häufig knarrend „kräk kräk".
VORKOMMEN Im Winter halten sich bei uns auf den Seen (selbst mitten in der Großstadt), Stauseen und langsam fließenden Flüssen oft große Scharen von Reiherenten auf.
VERHALTEN Reiherenten sind sehr gesellig. Sie können tiefer und länger tauchen als Tafelenten. Dabei erbeuten sie vor allem Dreikantmuscheln, die heute eine wichtige Rolle für die Ernährung der Enten auf tieferen Binnenseen spielen. Die Trupps fliegen rasant und geradlinig, mit sehr schnellen Flügelschlägen. Seit einigen Jahren mischen sie sich auch häufig unter die futterzahmen Blässhühner und Enten der Parkseen; sie sind jedoch weniger zutraulich und halten zu den fütternden Menschen einen größeren Abstand.

FÜTTERUNG
Altes Brot, Haferflocken und geschrotetes Getreide.

Vogelfütterung am Wasser

Höckerschwan
Cygnus olor — Familie Entenverwandte

AUSSEHEN Sehr großer, schneeweißer Wasservogel mit langem Hals und orangerotem Schnabel; der schwarze Schnabelhöcker ist bei den Männchen stärker ausgebildet. Jungvögel haben ein graubraunes Gefieder. Beim Schwimmen ist der lange Hals meistens elegant S-förmig gebogen.
STIMME Wenig stimmfreudig; fliegende Höckerschwäne erzeugen ein lautes, singend-wummerndes Flügelgeräusch.
VORKOMMEN Überall häufig auf den Seen des Tieflandes, auch auf langsam fließenden Flüssen. Der Höckerschwan kommt im Winter oft in Scharen und zusammen mit Blässhühnern, Enten und Möwen an die Fütterungen für Wasservögel.

VERHALTEN Bereits im zeitigen Frühjahr beginnen die Höckerschwäne ihre Reviere abzugrenzen, dann sieht man sie oft in Drohhaltung schwimmen. Während die meisten Höckerschwäne Mitteleuropas den Winter in Brutplatznähe auf eisfreien Gewässern verbringen, sind ihre wilden Artgenossen in Osteuropa reine Zugvögel.

FÜTTERUNG
Schwäne sind Vegetarier und ernähren sich von Wasserpflanzen, Gras und Kräutern. Am besten füttert man sie – nur bei strengem Frost – mit Haferflocken, Getreide und altem Brot.

Kanadagans
Branta canadensis — Familie Entenverwandte

AUSSEHEN Sehr große, langhalsige Gans; durch die von schwarzem Hals kontrastreich abgesetzten Wangen leicht von der Graugans zu unterscheiden.

STIMME Laute, klangvolle trompetende Rufe „a-hong a-hong...", meist im Flug zu hören.

VORKOMMEN Die Kanadagans wurde in mehreren Unterarten aus Nordamerika in Europa eingebürgert; heute ist sie bei uns auf vielen Parkgewässern und Seen das ganze Jahr über heimisch. Brutvögel Skandinaviens ziehen jedoch im Herbst südwärts an die Ostseeküsten bis Schleswig-Holstein, sind aber auch schon in Holland, den Niederlanden und sogar im Inneren Frankreichs nachgewiesen worden.

VERHALTEN Wie alle Gänse ernährt sich die Kanadagans ausschließlich von pflanzlicher Kost. Ihre Nahrung – Gräser, Kräuter und Pflanzensamen – sucht sie vor allem am Ufer, manchmal gründelt sie auch nach Wasserpflanzen. Die futterzahmen Kanadagänse sind bei uns meist das ganze Jahr über als Stadtvögel anzutreffen; in sehr kalten Wintern weichen sie jedoch auch kurzfristig in günstigere Gebiete aus.

FÜTTERUNG
Mit altem Brot und Haferflocken füttern. An Gewässern immer nur bei strengem Frost füttern!

Vogelfütterung am Wasser

Graugans
Anser anser — Familie Entenverwandte

AUSSEHEN Große, hellbräunliche graue Gans mit orange- (westl. Unterart) oder fleischfarbenem Schnabel (östl. Unterart). Im Flug fallen die hellen Vorderflügel auf. Trupps fliegen meist in V-Formation oder zu einer schrägen Linie angeordnet.

STIMME Die Rufe gleichen denen der Hausgans, klingen aber weniger aufdringlich, häufig ist ein nasales „ga ga ga" oder „ahng ong ong" zu hören.

VORKOMMEN Durch Aussetzungen inzwischen bei uns weit verbreitet; eingebürgerte Graugänse beider Unterarten und Mischlinge haben sich an vielen Seen und Parkteichen angesiedelt und sind vielfach das ganze Jahr über zu beobachten.

VERHALTEN Graugänse sind wie alle Gänse sehr gesellig, im Winter bilden die futterzahmen Vögel der Parkgewässer zusammen mit Kanadagänsen und Enten oft große Trupps, die man nur bei strengem Frost füttern sollte. Außerhalb der Brutzeit suchen Graugänse ihre Nahrung vor allem auf Wiesen und Weiden, zur Übernachtung fliegen sie auf offene Wasserflächen, wo sie vor Raubtieren sicher sind.

FÜTTERUNG
Graugänse ernähren sich von Gräsern und Kräutern, die sie an Land finden. Als Futter eignen sich altes Brot und Haferflocken.

Graureiher
Ardea cinerea — Familie Reiher

AUSSEHEN Großer, storchenähnlicher Vogel mit langem Hals und langen Beinen; der schwarze Überaugenstreif setzt sich in langen dünnen Schmuckfedern fort.
STIMME Im Flug hört man häufig rau und durchdringend „kräik".
VORKOMMEN Zur Nahrungssuche an flachen Ufern von Seen und Flüssen, an Gräben und auf Wiesen und Feldern.
VERHALTEN Graureiher fliegen im Gegensatz zu Störchen mit S-förmig eingezogenem Hals. Sie ernähren sich überwiegend von Fischen, die sie im Flachwasser fangen; dabei pirschen sie mit gestrecktem Hals und langsamen Schritten durch das Wasser. Sie erbeuten aber auch Frösche, Mäuse, Maulwürfe und Insekten. Im Winter, wenn der Boden wochenlang hart gefroren ist, erleiden die bei uns ausharrenden Graureiher oft große Verluste. Viele von ihnen ziehen jedoch nach Westeuropa.

FÜTTERUNG
Wenn die Nahrungstiere in strengen Wintern für die Graureiher schwer erreichbar werden, kann man ihnen in Gewässernähe Fleischbrocken und tote Fische auslegen. Eine wirkungsvollere, aber viel aufwendigere Methode ist, einen Korb im Wasser zu befestigen und ihn regelmäßig mit lebenden Fischen zu beschicken.

Vogelfütterung am Wasser

Blässhuhn
Fulica atra — Familie Rallen

AUSSEHEN Fast entengroßer, rundlicher Wasservogel mit schwarzem Gefieder; Schnabel und Stirnschild weiß; Zehen mit Schwimmlappen.
STIMME Sehr ruffreudig, häufig hört man vom Männchen ein tonloses „Tsk" oder ein „Tp" ähnlich wie das Knallen eines Sektkorkens; das Weibchen ruft oft mehrfach wiederholt „köw".
VORKOMMEN Im Winter versammeln sich große Scharen von Blässhühnern auf vielen Seen und Stauseen und sogar auf Parkteichen mitten in der Großstadt.
VERHALTEN Blässhühner sind außerhalb der Brutzeit sehr gesellig, im Frühjahr lösen sich die großen Ansammlungen auf, jetzt kann man oft rivalisierende Blässhühner in Drohhaltung mit gesenktem Kopf und hochgehaltenen Flügeln schwimmen sehen. Um vom Wasser aufzufliegen, benötigen sie eine längere Anlaufstrecke mit heftig schlagenden Flügeln. Auch an Land können sie schnell rennen, die Flügel dienen dabei ebenfalls als zusätzlicher Antrieb.

FÜTTERUNG
Blässhühner ernähren sich von Schilfsprossen, Wasserpflanzen, Gras und Kleintieren. Man füttert (nur bei strengem Frost) altes Brot, geschrotetes Getreide, Haferflocken und auch gekochte Kartoffeln.

Teichhuhn
Gallinula chloropus — Familie Rallen

AUSSEHEN Kleiner, schwarzer Wasservogel mit langen Beinen und Zehen; Schnabel und Stirnschild rot. Im Jugendkleid ohne Rot, Gefieder einfarbig braun.

STIMME Erregungslaut ein wohlklingendes „kürrck", Warnlaut durchdrigend „kickeck".

VORKOMMEN Häufig im Uferbereich von stehenden und langsam fließenden Gewässern, auch an kleinen Tümpeln und an dicht bewachsenen Bächen, auch mitten in Städten und Dörfern.

VERHALTEN Teichhühner zucken beim Laufen oder Schwimmen ständig mit dem Schwanz, dabei leuchten die signalweißen Unterschwanzfedern im Takt auf. Sie sind scheu und führen ein verstecktes Leben in der dichten Vegetation nah am Wasser. Vielerorts lassen sie sich im Winter jedoch füttern. Viele Teichhühner aus Mittel- und Nordeuropa ziehen im Herbst in den Mittelmeerraum. Brutvögel aus Osteuropa wandern sogar bis nach Nordafrika. Die bei uns im Brutgebiet ausharrenden Teichhühner werden in strengen Wintern stark dezimiert.

FÜTTERUNG
Teichhühner ernähren sich von Wasserpflanzen, Samen, Früchten, Gras und Kleintieren. Gerne nehmen sie Haferflocken, geschrotetes Getreide, gehackte Nüsse und gekochte Kartoffeln.

Vogelfütterung am Wasser

Lachmöwe
Larus ridibundus — Familie Möwen

AUSSEHEN Etwa taubengroße, schlanke und überwiegend weiße Möwe mit spitzen Flügeln; im Winter mit weißlichem Kopf und verwaschenem, dunklem Ohrfleck. Jungvögel mit bräunlichen Gefiederteilen und schwärzlichem Schwanzende. Lachmöwen im Prachtkleid mit schokoladenbraunem Kopf und dunkelrotem Schnabel.
STIMME Sehr stimmfreudig, häufig ein kreischendes „krär-krär" oder bei Auseinandersetzungen ein hohes spitzes „ke ke ke", von einjährigen Vögeln ein klägliches „psiie".
VORKOMMEN Außerhalb der Brutzeit an Gewässern aller Art und auf Feldern, häufig auch an Kläranlagen und auf Müllplätzen.

VERHALTEN Im Winter kommen Lachmöwen in die Städte und lassen sich dort in Gewässernähe, aber auch auf Balkonen füttern.
Bereits im März kehren die Lachmöwen wieder an ihre Brutplätze zurück. An manchen Flachseen bilden sie Kolonien von hunderten bis zu mehreren tausend Paaren.

FÜTTERUNG
Lachmöwen sind Allesfresser und sehr findig im Aufspüren neuer Nahrungsquellen; zugeworfene Brotstückchen fangen sie geschickt in der Luft auf. Man kann sie mit Brot und geschrotetem Getreide füttern.

Sturmmöwe
Larus canus — Familie Möwen

AUSSEHEN Etwas größer als die Lachmöwe, im Winter mit weißem, schwach gestricheltem Kopf. Schnabel und Beine grünlichgrau. Jungvögel mit bräunlicher Oberseite und dunkelbrauner Schwanzendbinde
STIMME Gellend, schrill „iih-ää-iih-ää…", daneben auch kurz „kjau" oder „kia".
VORKOMMEN Hauptsächlich an der Meeresküste, außerhalb der Brutzeit auch regelmäßig an den Seen des Binnenlandes, aber viel seltener als die Lachmöwe. Auf frischgepflügten Feldern trifft man manchmal beide Möwenarten an.
VERHALTEN Unter den großen Scharen von Lachmöwen, die von Oktober bis April die Dampfersteg, Parkgewässer und Brücken „belagern", sind oft auch einige Sturmmöwen, vor allem Vögel im Jugendkleid; sie sind weniger zutraulich als die Lachmöwen.
Wie Lachmöwen erscheinen auch die Sturmmöwen bereits im März wieder an ihren Brutplätzen. Sie bilden aber nie so große Kolonien, sondern schließen sich zu nur wenigen Paaren zusammen.

FÜTTERUNG
Sturmmöwen sind Allesfresser, die sich von Würmern, Fischen, Kleinsäugern und Abfällen ernähren; man füttert sie wie Lachmöwen mit altem Brot und geschrotetem Getreide.

Futterplätze in Wald und Feld

Futterplätze in Wald und Feld

Jagdfasan
Phasianus colchicus — Familie Hühnervögel

AUSSEHEN Haushuhngroß mit langem, spitzem Schwanz; Männchen auffällig und bunt, Weibchen tarnfarben, dunkel gefleckt.
STIMME Der Revierruf des Männchens, ein lautes, raues „gögök" gefolgt von polterndem Flügelburren, ist schon im zeitigen Frühjahr zu hören; aufgescheuchte Hähne flüchten mit lautem „göggöggög".
VORKOMMEN Aus Asien als Jagdwild bei uns eingebürgert; heute verbreitet und gebietsweise häufig in der abwechslungsreichen Feldflur des Tieflandes.
VERHALTEN Im Winter leben Fasane gesellig in deckungsreichen Teilen ihres Areals; Hähne und Hennen schließen sich oft zu getrennten Verbänden zusammen, wobei die Hähne meist kleinere Trupps bilden. Im Frühjahr lösen sich die Trupps auf und die Männchen werden zunehmend territorial. Sie rufen jetzt häufig, um Weibchen anzulocken. Im Erfolgsfall präsentiert der Hahn seiner Auserwählten seine gesamte Oberseite, fächert den Schwanz und lässt sie die prächtigen Farben und Musterungen bewundern.

FÜTTERUNG
Fasane überstehen strenge und schneereiche Wintermonate oft nur, wenn sie regelmäßig gefüttert werden. Am besten eignen sich dazu Bodenfutterstellen mit Getreide und Mais.

Rebhuhn
Perdix perdix — Familie Hühnervögel

AUSSEHEN Klein und gedrungen, mit kurzem Schwanz und kurzen Flügeln; hufeisenförmiger Bauchfleck, beim Männchen meist stärker ausgeprägt. Weibchen sind insgesamt etwas weniger kräftig gemustert, Bauchfleck kleiner.

STIMME Aufgeschreckte Rebhühner schimpfen schrill „kerrripriprip"; der Revierruf des Hahnes, ein heiseres „kjirrek", ist ab Februar zu hören, oft in der Dämmerung.

VORKOMMEN Ehemals häufig in der abwechslungsreichen, kleinräumigen Kulturlandschaft mit Hecken, Wildkräuterflächen, Rainen und Gehölzen; heute durch Intensivierung der Landwirtschaft viel seltener.

VERHALTEN Ab November schließen sich die sonst einzeln, paar- oder familienweise lebenden Rebhühner zu größeren Winterverbänden („Völkern") zusammen. Aufgescheuchte Rebhühner fliegen gleichzeitig und mit laut burrendem Flügelgeräusch niedrig davon.

FÜTTERUNG
Rebhühner ernähren sich von Gräsern, Klee, Wildkräutern, Samen und Insekten. Im Winter kann man ihnen wirkungsvoll helfen, indem man an einer geschützten Stelle in der Feldflur Bodenfütterungen einrichtet und diese regelmäßig mit Waldvogelfutter, Salat und geraspelten Karotten beschickt.

Futterplätze in Wald und Feld

Mäusebussard
Buteo buteo — Familie Habichtverwandte

AUSSEHEN Gedrungener Greifvogel mit rundlichem Kopf und relativ kurzem Schwanz.
STIMME Ruft das ganze Jahr über häufig miauend „hiääh".
VORKOMMEN Verbreitet in der offenen Kulturlandschaft. Im Winterhalbjahr häufig an Straßen- und Wegrändern.
VERHALTEN Mäusebussarde sind Ansitzjäger, die oft geduldig auf Weidezäunen stehen und auf Mäuse, ihre Hauptbeutetiere, lauern. Im Winter konzentrieren sie sich häufig auf Straßenböschungen: Hier taut der Schnee schnell weg; außerdem hoffen sie auf Verkehrsopfer, denn gerade im Winter sind sie vielfach auf tote Tiere angewiesen. Außerhalb der Brutzeit trifft man Mäusebussarde oft zu mehreren auf Wiesen und Weiden an, dann bildet sich nicht selten eine Rangordnung unter den Greifvögeln heraus.

FÜTTERUNG
Bei strenger Kälte und hohem Schnee gibt es oft große Verluste unter den überwinternden Bussarden; man hilft ihnen am besten, indem man in der Nähe von Scheunen Ansitzstangen anbringt, um ihnen die Mäusejagd zu erleichtern. Ebenso empfiehlt es sich, auf schneefrei gemachten Flächen rohes, mageres Fleisch in großen Stücken für die Vögel auszulegen.

Sperber
Accipiter nisus — Familie Habichtverwandte

AUSSEHEN Kleiner, grauer Greifvogel, im Flug mit relativ kurzen, runden Flügeln und langem Schwanz; Männchen um ein Drittel kleiner und leichter als das Weibchen.

VORKOMMEN In Wäldern, abwechslungsreicher Kulturlandschaft und sogar im Hochgebirge. Jagt auch in Dörfern und Städten.

VERHALTEN Einen fliegenden Sperber erkennt man an den kurzen, eingeschobenen Gleitflugstrecken; meistens wird man jedoch durch die intensiven, hohen Warnrufe der Kleinvögel auf ihn aufmerksam. Als Überraschungsjäger nutzt der Sperber jede Deckung, um dann plötzlich aufzutauchen und seine Beute zu überrumpeln. Das Weibchen fängt Vögel bis zur Größe einer Ringeltaube, während das leichtere und wendigere Männchen vorwiegend Finken, Sperlinge und Meisen bejagt, aber auch Amseln und Buntspechte überwältigen kann.

FÜTTERUNG
Durch die Anlage von Futterstellen für Kleinvögel schafft man oft automatisch Futterplätze für Sperber. Indem sie meist kranke Vögel fangen, haben Sperber eine wichtige Funktion bei der Gesunderhaltung der Kleinvogelbestände. Sie erbeuten hauptsächlich häufige Arten wie Sperlinge, Kohlmeisen, Buch- und Grünfinken sowie Amseln.

Futterplätze in Wald und Feld

Turmfalke
Falco tinnunculus — Familie Falken

AUSSEHEN Kleiner, schlanker und langschwänziger Falke mit rotbrauner Oberseite und schwarzen Augen; Männchen mit blaugrauem Oberkopf und Schwanz. Weibchen braun, stark dunkel gefleckt. Das Flugbild kennzeichnen lange, spitze Flügel und ein langer Schwanz.
STIMME Ruft häufig hell und durchdringend „kikikikiki".
VORKOMMEN In fast allen Landschaftstypen, außer in geschlossenen Wäldern; sehr anpassungsfähig, auch im Hochgebirge und in Dörfern und Städten. Nahrungssuche – besonders im Winter – vielfach an Wegen und Straßen.
VERHALTEN Turmfalken „stehen" bei der Mäusejagd häufig flügelschlagend und mit gespreiztem Schwanz in der Luft („Rütteln"). Neben echten Mäusen und Wühlmäusen erbeuten Turmfalken auch Spitzmäuse und gebietsweise viele Zauneidechsen. Besonders in Dörfern und Städten fangen sie nicht selten viele Kleinvögel, vor allem unerfahrene Jungvögel.

FÜTTERUNG
In strengen Wintern erleiden die Turmfalken bei uns oft starke Verluste. Man kann ihnen wirkungsvoll helfen, indem man an sonnigen Stellen am Waldrand den Schnee wegräumt und Getreide ausstreut, um Mäuse für sie anzulocken.

Schleiereule
Tyto alba — Familie Schleiereulen

AUSSEHEN Helle, schlanke Eule mit auffallend herzförmigem Gesichtsschleier, Flügel und Beine recht lang.
STIMME Ab Ende Februar ist der Revierruf des Männchens, ein gedehnter, heiserer Schrei, zu hören.
VORKOMMEN Offene, abwechslungsreiche Kulturlandschaft des Tieflandes am Rand von Dörfern und Kleinstädten. Die Tagesruheplätze und die Brutplätze liegen fast ausschließlich in Gebäuden. Ihre Hauptbeutetiere, Mäuse und Spitzmäuse, jagen Schleiereulen häufig an Wegen und Straßen.
VERHALTEN Schleiereulen sind ausgesprochen nachtaktiv und jagen in der Regel nur bei völliger Dunkelheit. Sie erbeuten vor allem Feldmäuse, aber auch Haus- und Waldmäuse sowie viele Spitzmäuse. Vögel und Eidechsen tauchen deutlich seltener in den Beutelisten auf. Frische Schleiereulengewölle sind glänzend schwarz – ein brauchbares Merkmal für die Artenbestimmung.

FÜTTERUNG
Da sich Schleiereulen fast ausschließlich von Kleinsäugern ernähren, erleiden sie in strengen, schneereichen Wintern oft sehr hohe Verluste. In dieser Zeit ist es besonders wichtig, für die Eulen den Einflug in Scheunen, Schuppen und andere unbewohnte Gebäude für die Mäusejagd offenzuhalten.

Futterplätze in Wald und Feld

Waldkauz
Strix aluco — Familie Eulen

AUSSEHEN Gedrungene Eule mit großem, rundem Kopf und schwarzen Augen; Gefieder baumrindenfarben, von braun bis grau; keine Federohren.
STIMME Vor allem im Herbst und Frühjahr ist der Reviergesang des Männchens zu hören: Ein unheimliches, tremolierendes „huu-huhuuuu", das Weibchen ruft laut und schrill „kuwitt".
VORKOMMEN Häufig in lichten Hochwäldern und Gehölzen mit Freiflächen, auch in Parks, Friedhöfen und Gärten mit alten Bäumen, sogar mitten in Großstädten.
VERHALTEN Waldkäuze sind dämmerungs- und nachtaktiv, mitunter kann man sie jedoch am Tage vor ihren Baumhöhlen in der Sonne sitzen sehen. Sie leben von Mäusen, Vögeln bis Taubengröße, Fröschen und Insekten. Die Zusammensetzung der Nahrung variiert je nach Lebensraum und Häufigkeit der Beutetiere. Obwohl der Waldkauz hauptsächlich Feld- und Waldmäuse fängt, kann er sich in harten Wintern fast vollständig auf die Vogeljagd verlegen.

FÜTTERUNG
Bei lang anhaltender, hoher Schneelage und großer Kälte wird es für den Waldkauz kritisch. Am besten wird ihm geholfen, wenn man an sonnigen Waldrändern Getreide ausstreut, um dort Mäuse anzulocken.

Waldohreule
Asio otus — Familie Eulen

AUSSEHEN Krähengroße, schlanke Eule mit langen Federohren; Flügel lang und schmal; Gefieder rindenfarbig, Augen orangegelb.

STIMME Bereits ab Februar ist der Balzgesang des Männchens, ein dumpfes „huh" zu hören.

VORKOMMEN Häufig in lichten Wäldern, an Waldrändern und in Gehölzen; im Winter auch in Parks mitten in der Stadt.

VERHALTEN Waldohreulen sind ausgeprägt dämmerungs- und nachtaktiv. Ihrer Hauptbeute, der Feldmaus, stellen sie auf Feldern, Wiesen und Mooren nach. In strengen Wintern schließen sich die sonst vorwiegend einzeln lebenden Eulen oft zu Schlafgemeinschaften von über 20 Vögeln zusammen. Am Tag sitzen sie aufrecht und bewegungslos in Stammnähe ihrer Schlafbäume.

Neben Feldmäusen erbeuten Waldohreulen auch andere Kleinsäuger wie Wald- und Rötelmäuse, seltener Spitzmäuse. Gibt es nur wenig Mäuse, erlegen die Eulen viele Vögel.

FÜTTERUNG
In schneereichen Wintern verhungern viele Waldohreulen, denn die Mäuse sind dann unter dem Schnee schwer erreichbar. Man hilft ihnen wirkungsvoll, indem man an sonnigen Waldrändern Getreide ausstreut, um so Mäuse anzulocken.

Wer frisst was?

	Sonnen-blumenkerne	Hanf-samen	feine Sämereien	Getreide-schrot
Amsel				
Bergfink	+			+
Birkenzeisig		+	+	
Blaumeise			+	
Bluthänfling			+	
Buchfink			+	
Buntspecht				
Eichelhäher	+			+
Elster				
Erlenzeisig		+	+	
Feldlerche			+	+
Feldsperling			+	
Gartenbaumläufer				
Gimpel	+	+		+
Goldammer			+	+
Grauspecht				
Grünfink	+	+	+	+
Haubenlerche			+	
Haubenmeise	+	+		
Haussperling		+	+	+
Heckenbraunelle			+	
Kernbeißer	+	+		+
Kleiber	+	+		
Kleinspecht	+			
Kohlmeise	+	+		
Misteldrossel				
Mittelspecht	+			
Rotdrossel				
Rotkehlchen				
Schwanzmeise				
Seidenschwanz				
Singdrossel				
Star			+	
Stieglitz			+	
Sumpfmeise	+	+	+	
Tannenhäher				
Tannenmeise	+	+		
Wacholderdrossel				
Waldbaumläufer				
Weidenmeise	+	+		
Wintergoldhähnchen				
Zaunkönig				

gehackte Nüsse	Fett-futter	Weich-futter	Haferflocken in Öl	Beeren und Obst
+		+	+	+
+				+
+	+			
+	+			
+				
+		+		
+	+		+	
+	+		+	+
	+	+		
+				
		+	+	
	+		+	
	+			
+				+
			+	
	+			
+				
			+	+
+	+			
			+	
		+		+
+				
+	+			
+	+			
+	+			
+		+		+
	+			
		+	+	+
		+	+	+
	+			
				+
		+	+	+
	+		+	+
	+			
+		+		+
+	+			
+		+	+	+
	+			
+	+			
	+			
	+			

Register

Accipiter nisus 117
Aegithalos caudatus 84
Alauda arvensis 80
Amsel 43
Anas platyrhynchos 100
Anser anser 106
Ardea cinerea 107
Asio otus 121
Aythya ferina 102
– fuligula 103

Bergfink 58
Birkenzeisig 91
Blässhuhn 108
Blaumeise 28
Bluthänfling 90
Bombycilla garrulus 88
Branta canadensis 105
Buchfink 56
Buntspecht 72
Buteo buteo 116

***C**arduelis cannabina* 90
– carduelis 89
– chloris 60
– flammea 91
– spinus 62
Certhia brachydactyla 40
– familiaris 41
Coccothraustes coccothraustes 52
Coloeus monedula 71
Columba livia 76
– palumbus 77
Corvus corone 70
– frugilegus 68
Cygnus olor 104

***D**endrocopos major* 72
– medius 92
Dohle 71
Dryobates minor 93

Eichelhäher 66
Elster 65
Emberiza citrinella 64
Erithacus rubecula 46
Erlenzeisig 62

***F**alco tinnunculus* 118
Feldlerche 80
Feldsperling 49
Fringilla coelebs 56
– montifrigilla 58
Fulica atra 108

***G**alerida cristata* 81
Gallinula chloropus 109
Garrulus glandarius 66
Gartenbaumläufer 40
Gimpel 54
Glaucidium passerinum 95
Goldammer 64
Graugans 106
Graureiher 107
Grauspecht 74
Grünfink 60

Haubenlerche 81
Haubenmeise 32
Haussperling 50
Heckenbraunelle 48
Höckerschwan 104

Jagdfasan 114

Kanadagans 105
Kernbeißer 52
Kleiber 38
Kleinspecht 93
Kohlmeise 30

Lachmöwe 110
Larus canus 111
– ridibundus 110

Mäusebussard 116
Misteldrossel 44
Mittelspecht 92

Nucifraga caryocatactes 94

Parus ater 34
– caerules 28
– cristatus 32
– major 30
– montanus 83
– palustris 36
Passer domesticus 50
– montanus 49
Perdix perdix 115
Phasianus colchicus 114
Pica pica 65
Picus canus 74
Prunella modularis 48
Pyrrhula pyrrhula 54

Rabenkrähe 70
Rebhuhn 115
Regulus regulus 85
Reiherente 103
Ringeltaube 77
Rotdrossel 87
Rotkehlchen 46

Saatkrähe 68
Schleiereule 119
Schwanzmeise 84
Seidenschwanz 86
Singdrossel 86
Sitta europaea 38

Sperber 117
Sperlingskauz 95
Star 42
Stieglitz 89
Stockente 100
Straßentaube 76
Streptopelia decaocto 75
Strix aluco 120
Sturmmöwe 111
Sturnus vulgaris 42
Sumpfmeise 36

Tafelente 102
Tannenhäher 94
Tannenmeise 34
Teichhuhn 109
Troglodytes troglodytes 82
Turdus iliacus 87
– merula 43
– philomelos 86
– pilaris 45
– viscivorus 44
Türkentaube 75
Turmfalke 118
Tyto alba 119

Wacholderdrossel 45
Waldbaumläufer 41
Waldkauz 120
Waldohreule 121
Weidenmeise 83
Wintergoldhähnchen 85

Zaunkönig 82

Impressum

Bildnachweis
Mit 128 Farbfotos von Blickwinkel über Hecker: 20u.r., 21u., 44, 74, 90, 95, 118; W. Buchhorn/F. Hecker: 17, 20u.l., 32, 33o., 33u., 34, 63o., 85, 119; B. Franzke: 37, 40, 41, 53, 55, 66, 68, 80, 89, 91, 93, 105, 110; R. Groß: 68; F. Hecker: 2/3, 4o., 4u., 5, 6, 7, 8, 9, 10o., 10u., 11, 12u.l., 12u.r., 13o., 13u., 14o., 14u., 15o., 15u., 16, 18o., 18u., 19o., 19u., 24/25, 28, 29o., 29u., 30, 31, 35, 36, 38, 39u.l., 39u.r., 42, 43, 45, 46, 47, 48, 49, 52, 54, 56, 57, 58, 59, 60, 61, 62, 63u., 64, 65, 67, 69, 70, 71, 72, 73, 77, 78/79, 81, 82, 83, 84, 86, 87, 88, 92, 94, 96/97, 100, 101, 104, 106, 107, 108, 109, 111, 112/113, 115, 116, 120, hintere Klappe alle; E. Mestel/F. Hecker: 21o., 103, 117; G. Moosrainer: 75; D. Nill: 50; M. Schäfer: 114; U. Walz: 51; G. Wendl: 121; W. Willner: 102.

Illustrationen von Steffen Walentowitz
Bastelideen auf den Klappen von Katrin Hecker

Umschlaggestaltung von BÜRO JORGE SCHMIDT, München, unter Verwendung zweier Fotos von Wolfgang Buchhorn/Frank Hecker (Blaumeise) und shutterstock © Bas Meelker (Hintergrundbild) sowie einer Illustration von Steffen Walentowitz (Meise am Meisenring)

Für die vielfältige Mitarbeit an diesem Buch möchte ich meiner Frau Ingrid von Brandt herzlich danken.

Unser gesamtes lieferbares Programm finden Sie unter **kosmos.de**.
Über Neuigkeiten informieren Sie regelmäßig unsere
Newsletter, einfach anmelden unter **kosmos.de/newletter**

5. komplett neu bearbeitete Auflage
© 2016, Franckh-Kosmos Verlags-GmbH & Co. KG, Stuttgart
Alle Rechte vorbehalten
ISBN 978-3-440-15254-6
Redaktion: Claudia Salata
Grundlayout: Peter Schmidt Group GmbH, Hamburg
Satz: typopoint GbR, Ostfildern
Produktion: Markus Schäertlein
Druck und Bindung: Printer Trento
Printed in Italy / Imprimé en Italie

Beeindruckende ——— Aquarelle

344 Seiten, ca. €(D) 38,–

Wunderschöne Aquarelle von Lars Jonsson zeigen 58 bekannte Gäste am Futterhaus wie Blaumeisen oder Grünfinken und fangen typische Merkmale und Verhaltensweisen ein. In wissenschaftlich fundierten und zugleich lebendig erzählten Texten werden die einzelnen Arten vorgestellt. Eine Verbindung von Vogelbestimmung und persönlichen Beobachtungen, die jeden Vogelfreund begeistern wird.

kosmos.de

Bastelideen für Vogelfreunde

FUTTERSCHAUKEL

Material 3 dünne Weidenzweige (ca. 50 cm lang), 1 Stück Blumendraht, Wollreste, 1 Meisenknödel

So geht's Weidenzweige sind wunderbar biegsam und für die Meisenknödel-Schaukel besonders gut geeignet. 3 gleich lange Zweige sternförmig übereinander legen und am Kreuzungspunkt mit einem Stück Blumendraht fixieren. Nun wird mit Wolle abwechselnd unter und über den Zweigen hinweggewoben, dabei den Blumendraht mit der Wolle verdecken. Nun die Zweige nach oben biegen, einen Meisenknödel in der Schaukel platzieren und die Zweigenden oben mit Wolle zusammenbinden. Die Schaukel ist übrigens nachfüllbar!

FÖRMCHEN IM HERZ

Material 1 dünner Hartriegelzweig (ca. 60 cm lang), ummantelter Bindedraht oder Bast, Fettfutter im Förmchen, Geschenkband

So geht's Die Zweige vom Hartriegel sind im Winter schön rot gefärbt und dazu noch sehr biegsam – daraus lässt sich im Nu ein Herz formen. Einfach die Zweigenden unten mit Bindedraht oder Bast zusammenbinden und etwas in Form drücken. In die obere Mitte mit einem Stück Geschenkband ein mit Fettfutter gefülltes Keksförmchen gehängt. Aufgepasst: Das Band am besten vor dem Befüllen mit Fettfutter am Förmchen festknoten! Man kann es aber auch nachträglich durchziehen, indem man etwas Futter herauskratzt.